시, 어렵지 않게 쓰자

시,
어렵지 않게 쓰자

이길원 지음

왕스펜

시, 어렵지 않게 쓰자

차례

시 쓰기 책머리에 _ 7

제1장 주제가 분명해야
주제의 의미 _ 8
되도록 쉬운 말로 _ 8
어떻게 써야 하나 _ 11
감정을 절제해야 _ 14

제2장 시를 쓰기 전에
시 쓰기의 3다(三多) _ 22
시인은 어떤 사람인가 _ 28
시 쓰기의 실제 연습 _ 32

제3장 시와 소재에 관하여
소재와 시는 다르다 _ 39
소재와 시는 어떻게 다른가 _ 44
시어의 선택 _ 48
같은 소재라도 시대에 따라 시각도 변한다 _ 50

제4장 시 표현법
은유와 직유 _ 54
이미지가 형성되어야 _ 75

제5장 음악성과 리듬
    시에도 음악성이 _ 81
    자유시를 쓰기 전에 정형시의 음율을 익혀라 _ 83
    시행과 운율 _ 88
    그렇다고 규칙에 얽매이지 마라 _ 92

제6장 첫줄은 어떻게 쓰나
    시의 성패는 첫줄에 있다 _ 95

제7장 제목 붙이기
    제목 붙이기 _ 108

제8장 시에서 〈말 하는 이〉
    시에 따라 말하는 이가 달라야 맛도 난다 _ 112
    말하는 이는 어떻게 세우나 _ 114

제9장 상상(想像)과 이미지
    상상의 중요성 _ 126

제10장 시를 마무리하기 전에
    시를 마무리하기 전에 _ 134
    마무리를 잘 해야 _ 136

책 머리에

　내게 "시를 어찌 쓰면 좋은 시를 쓸 수 있느냐?" 는 질문이 잦았다. 그래서 생각했다. 초기 시 공부를 하면서 헤매던 나를 생각해서 처음 시를 써 보려는 사람이 쉽게 이해할 수 있는 〈시 쓰기의 실제〉를 보여주자.
　이 책은 그간 읽었던 〈시 쓰기 안내서〉와 실제 내가 시를 쓰는 과정을 바탕으로 누구나 쉽게 이해할 수 있도록 구성한 〈초보자들을 위한 시 창작 Digest〉이다.
　시를 처음 써 보려는 사람에게 도움이 되길 바란다.

출판도시에서

제1장: 주제가 분명해야

주제의 의미

　시를 쓴다는 것은 도자기를 빚는 것과 마찬가지이다. 아무리 보기 좋은 도자기를 빚었더라도 내용물이 없으면 그냥 도자기일 뿐, 시가 아니다. 빚어 놓은 도자기에 어떤 내용물이 담겨 있느냐에 따라 그 시가 좋은 시(詩)인가 아니면 그저 그런 시인가 판가름 난다. 아무리 아름다운 말을 나열했어도 내용이 없으면 그건 시가 아니다.

　술을 담든지 향수를 담든지 아니면 과일을 담든지는 시인의 역량이고 능력이다. 그럴 때 우리는 그 시인의 시 세계에 관하여 이야기할 수 있다. 아무리 문장이 아름답더라도 독자에게 느낌이 없다면 좋은 시라고 할 수 없다.

　본인의 신세타령을 늘어놓거나, 자기 혼자만 감격한다거나, 자기밖에 모르는 시를 쓴다면 그건 시라고 볼 수 없다. 때론 그런 시를 쓸 수도 있다. 그러나 그런 시는 혼자만 읽을 것이지 결코 지면을 통해 읽도록 강요해서는 안 된다.

되도록 쉬운 말로

　중국을 대표하는 시인 중 한 사람인 사마천은 시를 쓴 후 제일 먼저 자신의 하인에게 읽어 주었다고 한다. 그리고 문맹인 하인에게 느낌이 어떻더냐고 묻고 난 후 조언을 받아 다시 시를 고쳐 썼다고 한다. 사마천이 시를 쓸 줄 몰라서 하인에게 읽어 준 것은 아니다. 사마천의 말은 이러했다.

"네게도 느낌이 없고 무슨 말인지 모른다면 그 누가 내 의도를 이해하겠느냐?"

이 이야기는 시를 되도록 쉬운 말로 쓰라는 말이다. 여기서 중요한 것은 쉬운 말로 쓰되 꼭 어법에 맞도록 써야 한다는 점이다. 아무리 아름다운 말을 나열했더라도 어법에 맞지 않으면 안 된다. 시는 은유와 상징으로 되어 있다. 그러나 그 은유와 상징도 반드시 우리 어법에 맞아야 한다.

어법에 맞는 언어를 구사할 줄 모르는 사람이 시를 쓴다고 생각해 보라. 어떤 시가 되겠는가. 감추어야 할 말, 드러내야 할 말이 뒤엉켜 무엇을 말하려 했는지 이해가 안 되는 난삽한 글이 되고 만다. 문학동인지를 읽다 보면 이런 〈어법과 시적 논리가 다른 시〉를 너무 많이 보게 된다. 예를 들어 보겠다.

> 장맛비에 하늘은 파랗게 씻기고 군데군데 한가로운 구름은
> 스산한 바람에 어딘지 이리 저리 부산스럽다
> － 그래도 바람은 부는 것 － 중 첫 연

이 글은 어느 문학지에 실린 시 중 임의로 뽑아본 한 대목이다. 물론 시 공부를 하는 시인 지망생들이 낸 동인지에서 발췌한 것이

다. 이 시에서 내용과 시적 논리와 어법, 그리고 덜어냈어야 했을 부분을 검토해 보겠다.

장맛비에 씻기면 이미 하늘은 파랗다. 그러니 〈파랗게〉라는 형용사는 생략되어도 무방한 부분이다. 〈군데군데〉와 〈한가로운〉은 같은 의미이며, 〈부산스럽다〉에도 이미 〈이리 저리〉란 의미가 숨어 있으니 중복된 표현. 〈한가로운 구름은… 부산스럽다〉라는 말은 구름이 한가롭기도 하고 부산스럽다는 모호한 표현이 된다. 언뜻 읽으면 멋있는 표현인 듯하지만 시적 논리에 맞지 않을 뿐만 아니라 어법도 틀린 셈이다.

그러면 작자의 의도를 살려 고쳐 보자.

장마에 씻긴 하늘
구름 몇 점 바람에 흐른다

덜어낼 말을 덜어냈다. 애초에 작자가 느끼고 표현하려던 의도이다. 처음 작자가 썼던 문장보다 쉽고 간결하다. 작자가 설명한 많은 부분, 즉 〈군데군데, 한가로운, 이리 저리 부산스럽다.〉 또는 감정에 젖어 바람을 〈스산하게(어떤 사람은 바람을 부드럽게도 느낄 수 있다.)〉라고 표현한 부분도 시를 읽는 독자가 각자의 감정에 따라 폭넓게 느낄 수 있도록 해야 했다. 상상은 독자가 하도록 두어야 한다.

그렇다고 이렇게 고쳐 쓰면 된다는 것이 아니다. 고쳐 놓은 문장에는 이야기하려는 의도가 없다. 다시 말해 시인의 시 세계가 없다는 말이다. 그저 〈장마 뒤 맑은 하늘에 구름 몇 무더기가 바람에 흐르는 것〉을 마치 그림을 그리듯 표현했을 뿐이다. 별 내용이 없다는 말이다. 내용이 별 것이 아닌데 처음 작자가 쓴 시는 수식어와 부사가 잔뜩 매달려 화려하게 장식을 했으니, 마치 어울리지 않는 옷과 장식으로 과하게 꾸민 모습 같다. 시를 공부하는 사람들이 흔히 범하는 오류 중 하나이다.

어떻게 써야 하나

그러면 어떻게 하라는 말이냐 하는 의문이 생길 것이다. 여기에 작자의 생각을 넣으란 말이다. 즉, 이야기하고자 하는 의도를 담으란 말이다. 〈장마에 씻긴 하늘〉이라든가 〈한가로운 구름이 바람에 흐르는〉 그런 상태를 쓰고 싶으면 작자가 이야기하려는 의도에 맞추어 표현하라는 말이다. 완벽한 것은 아니지만 위의 문장으로 다시 시를 만들어 보자. 이 시의 후미를 보면 작자는 바람을 이야기하려 했다.

이제는 바람이고 싶다
장마에 씻긴 하늘가에 남은
구름 몇 조각 간질이며
세상을 떠도는 바람이고 싶다

이렇게 고쳐 보았다. 물론 처음 썼던 것과는 전혀 다른 내용이 되었을 것이다. 그러나 〈장마에 씻긴 하늘가의 구름 몇 조각〉이라는 단순 사실이 아니라, 작자의 현재 상태가 어떠한지는 모르지만 어렵고 답답한 자신의 처지를 장마 뒤, 맑고 파란 하늘에 흐르는 구름에 비유해 자유롭고 싶은 마음을 표현했다고 생각되지 않는가. 이래야 시가 되는 것이다.

또 이 글에서 불필요한 수식어가 있는지 찾아보자. 다시 말해 과하게 꾸미지 않았지만, 의미의 전달이 안 된다거나 애매한 표현이 없다. 다음 부분은 여러분들이 연습 삼아 완결해 보라.

시를 공부하는 사람들은 바로 이런 점을 주의 깊게 생각해야 좋은 시를 쓸 수 있다. 시인으로 이미 등단한 사람 중에도 이런 오류를 범하는 사람이 아직도 많다. 충분히 시 쓰기 공부를 하지 않고 등단만 앞세웠기 때문이다. 한 사람의 시인으로 완성되기 전에 충분한 공부가 필요하다.

어법을 제대로 모르고 시를 쓰면, 버려야 될 말이나 그 뜻을 숨겨야 할 말, 꼭 써야 할 말이 뒤엉켜 무슨 말인지 모르는 글이 되기 쉽다. 난삽한 말을 그저 행만 갈라놓은 꼴이 되고 만다. 문제는 그렇게 써 놓고도 스스로 잘 썼다고 착각하기도 한다. 시에 어떤 의미를 담기 이전에 어법에 맞는 시를 쓰는 연습을 해야 한다.

요즘 뜻 모를 난삽한 시가 범람하고 있다. 흔히 알고 있는 서정시와는 사뭇 다르게 무슨 이야기를 하고 있는지 알 수 없는 시가 범람하고 있다. 이런 시들이 시에서 독자를 멀리 떠나게 하고 있다.

  시는 되도록 간결하게 생각이나 느낌을 드러내되 그 글에 내포하는 의미가 담겨 있도록 써야 한다. 이 과정이 바로 시 쓰기의 기초 연습이다. 시를 공부하는 사람은 시를 써 놓은 후 반드시 내가 쓴 글이 어법에 맞았는가 보아야 한다. 쓰고자 하는 이야기와 의미를 되도록 쉽고 아름다운 말로 표현했나 보아야 한다. 어법에 맞고 시적 논리에도 맞아야 좋은 시, 시다운 시가 되는 법이다. 위에 시가 모티브가 되어 필자는 다음과 같이 바람에 대한 시를 써 보았다.

어머니
바람이 되려나 봐요

제비꽃 틔우던 바람이
솔방울 떨어뜨리며 히죽대던 바람이
무슨 사연 있어
겨우내 계곡에 엎드려 소리쳐 울더니
어쩌려고 이 여름
스치는 듯 흐르다
머물며 가슴을 파고 흔드는지
바람 선 하나에 숨을 멈추면
내 영혼 바람에 눕고

> 또 선 하나에 기도드리면
> 빛을 내는 소리
> 이 소리
> 긴 세월 기다려 온
> 그대 숨소리 인가요
> 발자국 소리인가요
>
> 어머니
> 내가 바람이 될 수 있을까요
>
> - 이길원의 〈바람의 흔적〉 전문 -

 시는 보이는 것을 보이는 대로 표현하면 맛이 나지 않는다는 걸 명심하길 바란다.

감정을 절제해야

 시는 아주 객관적으로 냉정하게 자기감정을 절재하면서 써야 한다. 마치 남의 말을 하듯 담담하게 써야 독자가 공감한다. 흔히 〈나〉 또는 〈내가〉라는 말로 첫 줄을 연 시가 있다. 그러나 일인칭의 시도 화자만 〈나〉일 뿐 그 내용은 지극히 객관적이어야 한다.
 화자가 〈나〉이든, 또는 남자이든, 여자이든, 어린이이든, 어른이든 내용과 이야기에서는 보편타당성하고 객관적이어야 한다. 자기

감정에 치우쳐 넋두리를 늘어놓아서는 감흥이 없다. 자신의 아픔이나 슬픔도 객관화할 때 독자는 공감한다.

시 쓰기에서 감정을 절제한다는 것은 아주 어려운 작업이다. 시인 스스로 냉정하지 않으면 안 된다. 자신의 아픔이나 슬픔을 뛰어넘어 객관적일 때 진정한 시인으로 탄생하는 것이다. 이렇게 이야기하는 본인도 감정 절제에 실패한 시를 쓰는 때가 있다. 그래서 시를 쓴 후 다른 시인들에게 보여 주며 객관적인 의견을 참고하기도 한다. 시인 지망생들은 특히 더 자신의 시를 자꾸 남에게 보여 주며 객관적 검증을 받도록 해야 한다. 시인 스스로 감정이 넘쳐 감격스러운 시를 썼다고 생각하는데, 사실 자기 혼자만 감격했지 독자는 아무런 감동이 없는 시가 의외로 많다. 예를 들어 보자.

길은 희미하게 지워져 칠월의 깊숙한 베일 속에
나만 홀로 그대 이름 불러 쓸쓸히 허공을 쳐다 봐요
가슴 저리도록 사랑하는 이
금방이라도…

따온 시는 근간에 나온 어느 동인지에서 발췌한 것이다. 사랑하는 사람을 그리는 애절한 상념인 듯한데, 읽는 독자가 시인이 느낀 만큼 감흥이 일어나지 않는다. 그 이유가 바로 감정을 절제하지 못한 데 있다. 〈칠월의 깊숙한 베일〉이라는 객관적 이해도가 적은 이미지의 표현도 있으며, 〈나만 홀로〉라든가 〈쓸쓸히, 허공, 가슴 저리도록 사랑하는〉등 상투적 용어를 쓰면서 혼자만의 감정을 펼친 것에서 기인한다.

　이 점이 시인 지망생들이 명심해야 할 부분이다. 자신의 고통이나 슬픔을 승화하여 냉정한 자세로 쓸 때 비로소 기성 문인들을 뛰어넘을 수 있다. 시를 공부하는 초년생들이 이런 시를 써 놓고 보아달라고 하면 난처하다. 손을 댈 수도 없기 때문이다. 새로운 방법으로 다시 써야 한다. 그런 의미에서 몇 편의 시를 소개해 보겠다.

　4행시를 즐겨 쓰는 강우식 시인은 간결하면서도 표현하고자 하는 의도를 잘 살려 쓰는 시인 중 하나이다. 그의 〈연가〉 라는 시를 보자.

　　사랑하는 사람아 눈이 풋풋한 저녁이면
　　마른 솔가지 한단 쯤 져다놓고
　　그대 아궁이에 불을 지피고 싶었다.
　　저 소리 없는 눈발들이 그칠 때까지…
　　　　- 강우식의 〈연가〉 전문 -

　반세기 전 만 하더라도 가난한 농가의 운송 도구로 지게가 있었다. 그 시절 주문진 출신의 강우식은 겨울 눈 속에서 사랑하는 사람을 위해 나무를 해오는 단순한 과정과 지게에 지고 온 나무를 아궁이에 넣고 불을 지피면서 에로티시즘적인 사랑을 표현한다.

순수한 사랑에 내재한 불꽃 이미지를 잘 살린 시이다. 여기서 중요한 표현은 〈그대 아궁이에 불을 지피고 싶었다〉이다. 그냥 아궁이가 아니라 〈그대 아궁이〉라는 표현은 아궁이에 불을 지피는 현실과 에로티시즘적인 욕망을 은유적으로 표현한 것이다. 간단한 것 같으면서도 시적 효과로서의 분위기를 잘 살린 전문가의 시다.

시에서는 토씨 하나, 단어 하나도 어디에 배치하느냐에 따라 내재한 의미가 사뭇 달라진다. 여기서 만일 〈그대〉라는 지시 대명사가 없었다면, 시는 그저 나무지어 아궁이에 불 때는 평범한 그림이 될 뿐이다. 그리고 〈연가〉라는 제목을 붙이니, 그 느낌이 더 깊게 와닿는다. 한 편 더 보자.

새로이 이사를 와서
형편없이 더럽게 슬어 있는
흑갈빛 대문의 녹을 닦으며
내 지나온 생애에는
얼마나 지독한 녹이 슬어 있을지
부끄럽고 죄스러워 손이 아린 줄 몰랐다
나는, 대문의 녹을 닦으며
내 깊고 어두운 생명 저편을 보았다
비늘처럼 총총히 돋쳐 있는
회한의 슬픈 역사 그것은 바다 위에서

  혼신의 힘으로 일어서는 빗방울
  그리 살아온
  마흔세 해 수많은 불면의 촉수가
  노을 앞에서 바람 앞에서
  철없이 울먹였던 뽀오얀 사랑까지
  바로 내 영혼 깊숙이
  칙칙하게 녹이 되어 슬어 있음을 보고
  손가락이 부르트도록
  온몸으로 온몸으로 문지르고 있었다
    - 허형만의 〈녹을 닦으며〉 전문 -

 새로 이사하여 녹슬고 더러워진 대문의 녹을 닦으며, 그 대문의 녹을 〈자신의 허물로 보고 손가락이 부르트도록 온몸으로 문지르고 있었다〉는 은유이다. 시인은 보통 사람이면 그냥 지나칠 하찮은 일에도 의미를 부여해 보는 것이다. 시인이 아닌 사람은 녹을 닦으며 그냥 귀찮은 일로만 치부할 것이다. 녹을 자신의 허물로 치환한 시인은 울면서 녹을 닦는지 모른다. 시를 쓰지 않는 사람이 볼 때는 별것도 아닌 것에 무슨 큰 의미라도 있는 듯 대단하게 부풀리고 있다고 생각할 수도 있다. 그러나 시란 그런 것이다. 같은 사물을 어떤 시각으로 보느냐에 따라 시인의 역량이 드러난다.

 예를 들어 와인이 한 병 있다고 하자. 여러 각도에서 조명할 수 있다. 어떤 이는 와인의 향기를 말할 것이고, 어떤 이는 맛에 초점을 맞출 것이다. 어떤 이는 함께 마시면서 사랑하던 사람이 나를 버리고 떠난 사람을 떠 올릴 수도 있다. 어느 각도에서 보고 초점을 맞추느냐는 시인의 능력이고 철학이다. 그 심연이 깊을수록, 그로부터 오는 감동은 더욱 강렬하다.

> 고로쇠나무에 등을 기댔더니, 어느 순간 서늘한 손길
> 아, 요 녀석이 내게 지금 기(氣)를 보내오는 구나...
> 고로쇠나무 잎으로 손부채를 만들어
> 고로쇠나무의 물을 한 모금 먹었더니, 뱃속이 서늘해진다
> 요 녀석이 지금 내 뱃속을 제 세상으로 만드는구나
> 머잖아 내 눈, 내 입, 내 귀에서도
> 푸른 눈이 트고, 고로쇠나무의 어린잎이 하나 둘 돋아나겠구나
> 이 봄엔 아예 나도 고로쇠나무가 되어
> 뿌리 아래 갇혀 있던 봄기운을
> 물관이 터질 듯 타고 오르는, 이 솟구치는 노래를
> 전해주어야겠다
> 그리운 이가 등을 기대면,
>   - 박제천의 〈입춘부〉 전문 -

박제천 시인의 〈입춘부〉라는 시이다. 고로쇠 물은 봄의 상징이

기도 하다. 봄이면 사람들은 물오른 고로쇠나무 줄기에서 채취한 물을 즐겨 마신다. 시인은 고로쇠 물을 마시면서 고로쇠나무를 상징어로 내세워 봄을 노래한다. 아마 산마을 지역에 사는 시인이 어느 봄날 고로쇠 물을 마시러 오라고 그를 초청했을 것이다. 시인은 그냥 그 물을 마시는 것으로 끝내지 않는다. 마음껏 상상의 날개를 펴며 봄을 노래한다. 시인과 시인이 아닌 사람의 차이는 바로 이것이다. 느낌을 시로 표현하느냐 그냥 지나치고 마느냐의 차이이다.

〈이 봄엔 아예 나도 고로쇠나무가 되어/ 뿌리 아래 갇혀 있던 봄 기운을/ 물관이 터질 듯 타고 오르는, 이 솟구치는 노래를/ 전해주어야겠다/ 그리운 이가 등을 기대면,〉이라는 부분을 주의 깊게 보아야 한다. 물관이 터질 듯 타고 오르는 고로쇠 물을 솟구치는 노래로 치환하며 마지막 연 〈그리운 이가 등을 기대면〉이라고 표현한다. 기승전결(起承轉結)이 제대로 구성된 시이다. 이 표현이 결어에 해당한다. 여기서 그리운 이가 누구냐는 묻는 건 난센스다.

시도 한 편의 소설을 쓰듯 해야 한다. 한 편의 소설처럼 기승전결이 있다는 말이다. 시 몇 줄에 무슨 기승전결이냐 하겠지만 예를 하나 들어 보겠다. 이영식 시인의 〈노숙〉이란 짧은 4행시를 보자.

매미가 여름 끝자락 물고 울어재낀다
짝 찾지 못한 뿌리가 아직 젖어 있겠다
그 밥에 그 나물이라도 좋으니

내 여자가 해 준 밥 한 상 받고 싶다
　　　- 이영식의 〈노숙〉전문 -

　이영식 시인은 이 짧은 4행시에서 기승전결을 이렇게 말하고 있다. 첫 연〈매미가 여름 끝자락을 물고 울어재낀다〉라는 독자들이 모두 알고 있는 외적 정보이다. 이는 말하고자 하는 의도로 유도하기 위한 기(起)에 해당한다. 그러니까 매미라는 오브제가 이 시를 이끌고 있다. 이어지는 2행 〈짝을 찾지 못한 뿌리가 아직 젖어 있겠다〉는 시인의 상상력이 가미된 시인만의 내밀한 세계로 승(承)에 해당한다. 그리곤 〈그 밥에 그 나물이라도 좋다〉라고 하며 시의 결론을 위한 마무리 준비 단계(轉)로 들어간다. 그리곤 〈내 여자가 해 준 밥 한 상 받고 싶다〉라고 끝맺음(結)을 한다. 시제가 〈노숙〉이다.
　시의 앞부분인 오브제인 〈울어재끼는 매미〉를 짝 잃은 노숙자로 대비하면서 결론에서 보여 주는 〈내 여자가 해 준 밥 한 상〉이란 극적인 비유가 이 시의 매력이다. 이처럼 보여 주는 오브제와 말하고자 하는 결론 부분의 거리가 크면 클수록 시의 효과는 더 커진다. 신도 이처럼 기승전결이 있어야 한다. 그래서 시 쓰기가 쉽지 않다.

제2장: 시를 쓰기 전에

시 쓰기의 3다(三多)

　시를 쓰려는 사람은 우선 세 가지를 많이 해야 한다. 많이 읽고, 많이 생각하고, 그리고 많이 써야 한다. 흔히 〈시 쓰기의 삼다 (三多: 多讀·多書·多思)〉라는 말이 바로 이 말이다. 많이 읽는 거야 시인이 아니더라도 많이 읽을 수 있다. 그러나 적어도 시인이 되고 싶은 사람이 남의 시를 읽을 때는 다음을 염두에 두면서 읽어야 한다.

첫째, 마음에 드는 작품을 찾아 무엇을 어떻게 말했는지 살펴보아야 한다.
둘째, 남의 시에서 세련된 표현을 곰곰이 새기면서 익숙해지도록 해야 한다.
셋째, 만일 내가 쓴다면 어떻게 하겠는가 하고 생각해 보아야 한다.
넷째, 내가 말할 바를 찾아서 그와 비슷한 어법으로 만들어 보아야 한다.

　그러면 〈모방이 아니냐?〉 하고 말할 것이다. 그러나 보자. 화가가 그림 공부를 할 때 잘 그려진 그림을 모델로 놓고 그대로 그려 보는 것부터 시작하지 않는가. 이론의 적합성을 떠나 시 공부도 마찬가지이다. 그리스의 철학자 아리스토텔레스(Aristotle)도 그의 〈시학〉에서 〈문학은 모방이다〉라고 했다. 시를 공부할 때도 모방해 보는 것도 한 방법이 된다. 그러나 이는 시 공부가 목적이지 이런 종류의 시를 발표해서는 안 된다. 그런 게 바로 표절이다.

사실 어떤 시인은 남의 시를 읽고 있다가 그 시의 아름다움에 취해 있을 때 시가 잘 써진다는 사람도 있다. 시를 지어 보려는 사람은 남의 작품을 읽어 보지 않고는 시를 쓸 수가 없다. 시를 읽어야 그런 세계, 그런 어법, 그런 이미지를 만들 수 있지 않은가. 그리곤 〈나도 그처럼 감동적인 시를 멋지게 써 보아야지〉 하는 마음이 생기는 것이다. 우선 많이 읽도록 한다. 그리고 많이 생각한다. 그러다 보면 나도 모르는 사이에 나만의 독특한 시세계가 형성될 것이다.

1942년 청록파 3인 조지훈 박목월 박두진은 전통적 한국 시에서 현대 서정시로 발전하는 데 큰 역할을 한 분들이다. 특별한 우정을 나누던 조지훈과 박목월은 편지로 서로 시를 주고받으며 서로에게 영감을 준 대표적 인물이기도 하다. 조지훈은 완화삼이란 시를 목월에게 쓴다.

완화삼(玩花衫) — 木月에게

    조지훈

차운산 바위 위에 하늘은 멀어
산새가 구슬피 울음 운다.

구름 흘러가는

물길은 칠백 리(七百里)

나그네 긴 소매 꽃잎에 젖어
술 익는 강마을의 저녁노을이여.

이 밤 자면 저 마을에
꽃은 지리라.

다정하고 한 많음도 병인 양하여
달빛 아래 고요히 흔들리며 가노니…….

이 조지훈의 〈완화삼〉이란 시에 박목월은 화답 시로 〈나그네〉를 쓴다. 그런데 이 시가 더 유명해진 것이다. 목월은 지훈의 시에 화답으로 쓴 이 시가 잘 알려진 것에 대하여 부끄럽게 생각하였다고 한다. 그래서 그는 자기 대표작에서 이를 빼는 경향이 있다. 시의 제목이 쉽게 느낌이 오는 〈나그네〉인 데다 선택한 언어도 흔히 사용하는 일상어로 쉽게 읽히기에 더 유명했는지도 모른다.

나그네 — 지훈에게
    박목월

강나루 건너서
밀밭 길을
구름에 달 가듯이
가는 나그네.

길은 외줄기
남도 삼백리,

술 익는 마을마다
타는 저녁놀.

구름에 달 가듯이
가는 나그네.

나의 문우 중 몇 편의 시를 소개해 보겠다. 유안진 시인이 어느 4월 헌혈을 하고 난 후에 쓴 시이다. 시인의 말에 의하면 헌혈하고 나오는데 마침 봄비가 부슬부슬 내리고 있었다고 한다. 봄비는 대지는 촉촉이 적실 테고, 새싹이 돋고 꽃이 필 것이 아닌가. 내 피도 누군가에게 봄비 같은 역할을 해 줄 것이라 생각했단다. 그러나 첫 연처럼 〈마른데 적시어 새살 돋기를 바란다〉라고만 썼다면 시로서의 매력은 없다. 아마 여기에 소개하지도 않았을 것이다. 이 시를 살린 것은 둘째 연의 〈자해 충동〉, 그것도 생피를 쏟고 싶은 자해 충동이다. 〈살고 싶어 눈물 나는 올해도 4월/내가 할 수 있는 짓은 이 짓거리뿐이라서〉라는 자조적 표현이 눈물 난다.

> 320 밀리미터 짜리
> 피 한 봉다리 뽑아 줬다.
> 모르는 누구한테 봄비가 되고 싶어서
> 그의 몸 구석구석 속속들이 헤돌아서
> 마른 데를 적시어 새살 돋기를 바라면서
>
> 아냐. 아냐.
> 불현듯 생피 쏟고 싶은 자해충동 내 파괴 본능 탓에
> 멀쩡한 누군가가 오염될라
> 겁내면서 노리면서 몰라 모르면서
> 살고 싶어 눈물 나는 올해도 4월
> 내가 할 수 있는 짓은 이 짓거리뿐이라서
>   - 유안진의 〈봄비 한 주머니〉전문 -

감성적 시를 쓰는 나태주 시인도 간혹 나를 놀라게 한다. 불과 3행에 불과한 간단한 아래의 시는 시인들의 입가에 미소를 띠게 만들기에 충분했다. 나태주 시인은 이처럼 간결하면서도 평이한 언어

를 사용하면서도 깊은 의미를 주는 시를 잘 쓰는 시인 중 하나다.

자세히 보아야 예쁘다

오래 보아야 사랑스럽다

너도 그렇다

　　　- 나태주의 〈풀꽃〉전문 -

한 편 더 소개한다.

큰 병 얻어 중환자실에 널부러져 있을 때
아버지 절룩거리는 두 다리로
지팡이 짚고 어렵사리 면회 오시어
한 말씀, 하시었다

애야, 너는 어려서부터
몸은 약했지만 독한 아이였다
네 독한 마음으로 부디 병을
이기고 나오너라
세상은 아직도 징글징글하도록

좋은 곳이란다

아버지 말씀이 약이 되었다
두 번째 말씀이 더욱
좋은 약이 되었다.
- 나태주의 〈좋은 약〉 전문 -

이 시에서 시인이 하고 싶은 말은 〈세상은 아직도 징글징글하도록 살기 좋은 곳이란다〉이다. 이 말만 그냥 불쑥 던졌다면 맥이 없었을 것이다. 그러나 이 말을 하기 위하여 〈큰 병을 얻어 중환자실에 너부러져 있을 때〉가 뒷받침해 주는 것이다. 이제 독자들도 이 시의 매력을 느낄 수 있을 것이다.

시인은 어떤 사람인가

사실 시를 읽고 좋아하는 사람은 누구나 다 시인이 될 가능성과 소질이 있다. 그러나 시인이 될 수 있다는 것과 시인이 되는 것과는 다르다. 19세기 말 영국의 시인이던 워즈워스는 〈시는 감정의 자연적인 발로〉라고 했다. 사실 그 무렵에는 그랬다. 소월의 시가 그랬고 19세기 낭만파 시인들의 시가 그랬다. 타는 듯한 노을을 보고 〈아! 노을!〉하고 느낌만을 표현해도 시처럼 생각하던 때가 있었다. 시인 중 아직 그런 것도 시로 여기는 사람이 많다.

지금도 가끔 내게 어떤 자연을 보고 즉흥시를 읊으라는 사람이 있다. 마치 가수가 흥이 나면 노래하듯 시를 읊으라는 사람도 있다. 조선 시대 자연이나 읊조리며 감탄하던 때의 이야기이다. 이 시대엔 사정이 좀 다르다.

현대의 시인은 〈자신의 생각이나 사상을 시를 위해 재편성하는 능력〉이 있는 사람을 말한다. 즉 현대시란 그냥 감정이나 느낌을 쓰는 게 아니라 그 감정이나 느낌을 〈지성〉을 빌려 표현하고 구성하여 독자에게 전달하는 것을 말한다.

흔히 어떤 시를 평할 때 〈언어는 거칠지만 내용은 훌륭한 시〉라는 평자의 말을 읽을 때가 있다. 칭찬하기 어려운 시의 평을 요청해 왔을 때 흔히 쓰는 표현이다. 그러나 이 또한 모순이다. 언어의 진수를 마스터하지 못한 시인은 있을 수 없다. 아무리 시 세계가 깊고, 굴곡 심한 인생을 지나며 깊은 고뇌를 표현하려 해도 그것을 언어라는 도구를 통해 새롭게 구성하여 시로 승화할 수 있어야 진정한 시를 쓰는 시인이라 할 수 있다. 예를 보며 공부해 보자.

설산의 한 귀퉁이
어느 날 딱딱한 옹이 한둘 박히더니
사바 속 기우와는 달리 연일
아침 무렵이면 부드러운 온기라도 된 듯
조용조용 하산을 서두르고

본의 아니게 운명 지어진
　　고사목들이 여전히
　　근지럼 증만 더해가는 뿌리엘랑
　　약간의 수액을 찍어 바르고서
　　못내 그리운 곳 바라보지만
　　　… 중략 …
　　까막까치는 왜 저리 깊이 울고
　　　- 까막까치 우는 날은 -

　따온 시는 고 구상 시인이 적극 지원하던 〈솟대문학〉이라는 잡지에 실린 한 작가 지망생의 시이다. 이 글도 생전의 구상 선생의 권유로 그 잡지를 도우며 창작 강의를 하던 1990년대 초에 강의 내용이다.
　우선 이 시에서 시의 구성상 몇 가지 문제점을 지적해 보겠다.
　첫째, 〈설산의 한 귀퉁이〉로 시작된 이 시는 시의 끝부분 〈왜 저리 깊이 울고〉까지 왔을 때까지 말이 계속 이어져 있다. 그래서 읽는 사람이 어느 말이 주어이고 어느 말이 술어에 해당하는지 구분하기가 어렵다. 그러니 시를 쓴 작자의 의도를 이해할 수가 없다. 그리고 보면 문장은 되도록 단문(Simple Sentence)으로 만들어야 읽는 사람이 쉽게 이해할 수 있다.
　그러므로 시를 쓸 때 가능한 한 단문으로 짧게 끊어 쓰도록 연습해야 한다. 아마도 어느 날 오기 시작한 본인의 육체적 고통을 상징적으로 표현하려 했다는 생각은 들지만 이 시가 무슨 말을 하려 했는지 잘 이해가 가지 않는다.

둘째, 이 시에는 여러 가지 이미지(설산. 딱딱한 옹이. 사바. 아침. 부드러운 온기. 하산. 운명. 고사목. 근지럼증. 뿌리. 그리움. 우는 까막까치)가 복합적으로 등장해 읽는 사람의 사고(思考)에 혼돈을 주고 있다. 언어끼리 무엇인가 이어주는 고리가 없다는 말이다. 읽는 사람이 어느 이미지에 초점을 맞추어 생각해야 좋을지도 알 수 없다. 그래서 독자는 작자가 무엇을 쓰려고 했는지 그 의도를 이해하기가 더욱 어렵다.

셋째, 참신한 시어(詩語)를 선택하는 데 실패했다. 예를 들어 설산(雪山)이라든가, 불교 용어로 〈석존이 교화하는 정토인 인간의 속세계〉를 의미하는 사바(娑婆) 등 관념어를 남용했다는 말이다. 그래서 읽는 사람이 문장을 이해하기 어렵게 만들었다.

넷째, 현장감(Reality)이 없다. 어떤 이미지의 구체적 현장감이 없다는 말이다. 설산만 해도 그렇다. 설산에도 여러 종류가 있다. 눈이 내려 이미 덮인 산, 눈이 내리고 있는 산, 그것도 눈이 펑펑 내리는지 아니면 소슬소슬 내리는지에 따라 상황은 크게 다르다. 시는 구체적으로 써야 감동을 준다. 앞에 이야기했듯이 눈이 내리는 상황의 설명도 작자가 이야기하려는 의도에 맞추어 표현해야 제맛이 나는 법이다. 지금부터 실제로 시 쓰기 연습을 해보자.

시 쓰기의 실제 연습

　위의 시에서 모태가 되는 〈눈 내리는 산〉과 〈사바세계의 고난〉과 연관 지어 어떻게 쓸 것인가 실제 연습을 해 보자. (나라면 아마 이런 과정을 거쳐 이렇게 썼을 것이다. 그러나 이것이 정도도 교과서도 아님을 명심하기 바란다. 사람에 따라 보는 관점이 다르기 때문이다.)

　어느 겨울, 산에 갔다가 눈보라가 휘날리고 앙상한 가지가 바람에 휘청이는 것을 보았다고 하자. 소위 설산(雪山)이다. 여름에 새끼를 키우기 위하여 둥지를 틀던 까치집은 비어 있고 산은 을씨년스럽기도 하며 또 외롭기도 할 것이다. 그런 상태가 강렬하여 시로 옮겨 놓고 싶을 것이다. 그러나 눈 내리는 상황만 쓰면 아무리 최상의 표현을 해도 시가 잘 안된다. 여기에 이야기하려는 의도를 담으야 시가 꼴을 갖출 수 있다.

　즉, 〈사바세계〉의 한 단면이나 필자가 표현하고 싶은 말을 〈눈 내리는 상황〉에 오버 랩(overlap) 시키면 시가 될 수 있다는 말이다. 이제부터 시인의 상상력(想像力)과 지성이 작용할 때이다. 그 상상은 시인에 따라 아주 다를 수가 있다. 실연한 사람이라면 〈나를 버리고 떠난 쌀쌀한 연인〉을 생각할 수도 있을 것이다. 시인에 따라 시각은 크게 다를 수 있다. 바로 그 시각의 차이가 시인의 철학과 능력의 차이이며 시인 각자의 시 세계 차이이다. 시인이 보는 시각에 따라 상황 전개는 크게 달라질 수 있다.

　다시 말해서 눈(目)에 보이는 눈(雪) 내리는 산은 내가 쓰고자 하

는 주제의 오브제로 즉, 내가 말하고자 하는 의미를 강조하기 위한 형용사로 사용하는 것이다. 이는 시 쓰기의 아주 중요한 방법의 하나이다.

위의 경우 상상과 사고의 한 예를 보자. 지금 눈이 내리는 산은 한여름 동안 잎이 무성하던 초록의 산이 아니다. 매미들이 찾아 들던 푸른 산도 아니다. 지금은 이미 모두 떠나 삭막한 모습이다. 마치 우리의 부모들이 우리를 열심히 키우던 젊고 푸른 날이 있었지만 이제 자식들은 모두 뿔뿔이 떠나 외로움에 떨고 있는 것에 비유할 수 있지 않은가. 아무도 돌보지 않아 버려진 채 이제는 죽음이나 기다리는 외로운 할머니를 연상할 수 있지 않은가.

그렇다면 눈 내리는 이 산의 황량함을 외로운 할머니의 쓸쓸함과 대비시켜 우리가 자칫 잊고 있을지도 모르는 노인 문제를 다시 한 번 생각하게 된다. 여기까지만이라도 생각이 미치면 그런 방향으로 시가 구체화할 수 있다.

그러면 이제 시 쓰기로 들어가자. 우선 현장감을 살려 생동감 있게 표현하는 것이 중요하다. 바람이 윙윙 소리를 내며 나뭇가지라도 부러뜨릴 듯 사정없이 휘몰아치는 것을 되도록 강렬하고 어떤 느낌이 들도록 그려보자.

바람이 사정없이 산등성이로 윙윙 분다
나뭇가지가 꺾일 듯 세차게 분다

눈보라가 치는 을씨년스러운 산

이렇게 써 보았다. 말은 되지만 맥이 없다. 표현이 아니고 그저 설명이 되었다. 이러면 시가 되지 않는다. 표현법이 잘못된 것이다.(표현법에 관한 설명은 추후 다시 하겠다.) 그래서 이렇게 표현해 보았다.(거듭 이야기하지만 이것은 어디까지 예문에 불과하다.)

바람이 산등성이를 달린다
휘파람을 불며 눈을 몰고 달린다
빈 까치집에 숨으려는 눈마저
사정없이 끌어내며 달린다

이렇게 써 놓고 보면 어떤가. 눈보라가 심하게 부는 〈설산〉이 현장감이 있게 표현되었다. 바람이 산등성이에 부는 것이 아니라 〈달린다〉고 표현했으며, 그것도 〈휘파람을 불며〉, 눈을 〈몰고〉 달린다고 했다. 빈 까치집에 숨으려는 눈마저 사정없이 〈끌어내며〉 달린다고 표현했다. 설산 중에서도 눈보라가 날리는 차디찬 산이 그런대로 표현은 된다.

이제 〈사바세계〉의 이야기 중 보다 구체적인 〈외로운 할머니〉를 헐벗은 나무로 비유해 보겠다. 쓰고 싶은 의도로 끌고 가는 것이다. 비유할 나무는 무엇이라도 좋다. 상수리나무나 참나무도 좋다. 발음이 그럴싸한 자작나무로 선택해 보자. 그러면 이런 이야기가 전개될 수 있다.

> 바람에 못이긴 자작나무
> 어느 양로원의 할머니처럼
> 서로의 가지를 비벼 보지만
> 마른기침 쿨럭이는
> 할머니의 어깨같은 가지는
> 그만 찬바람에 꺾인다

그러고 보면 위의 바람 부는 설산에 대한 표현은 결국 어느 양로원의 외로운 할머니를 표현하기 위한 형용사 역할을 한 셈이다. 바로 이 점이 중요하다. 〈**시인이 보고 느끼는 어떤 상황이 아무리 감격적이라 해도 그 상황 표현이 어떤 의미를 담기 위한 형용사적 역할을 할 때 비로소 시가 강렬해진다.**〉 그리고 읽는 사람에게 어떤 느낌이나 감흥을 줄 수 있다. 이제는 할머니가 젊었을 때의 모습을 나무에 비유하면 된다. 독자도 다음엔 무슨 말이 이어질지 대충 짐작이 갈 것이다.

> 잎이 무성하던 날
> 까치가 둥지를 틀면

우리의 가슴에 새끼를 품듯
　　그렇게 숨을 멈추던 자작나무
　　때로는 나뭇잎이 만든 그늘에
　　매미라도 숨어들면
　　바람에 서걱 이는 나뭇잎 달래며
　　소리에 취하던 자작나무

　이 부분의 표현법도 주의해 보라. 즉, 우리 부모 세대들이 우리를 키울 때 그렇게 했다는 표현을 숲을 이룬 나무에 비유한 것이다. 그러면 시의 결론은 이미 밝혀졌다고 생각한다.

　　바람에 채이면서
　　먼 하늘 바라보는 할머니
　　내세를 믿듯 봄을 그린다

　이제 보자. 눈보라가 휘날리며 바람이 부는 상태라든가, 여름날 까치 이야기는 우리 〈사바세계〉의 노인 이야기를 위한 시 전개의 한 부분일 뿐이다. 고심하며 눈 내리는 〈설산〉을 그리는 것이나 눈보라에 떨고 있는 〈자작나무〉 등 모든 자연 상태를 현실감 있게 표현하려 한 것은 그저 외로운 노인을 실감나게 표현하려는 방편일 뿐이다.
　결론을 내자. 감정의 표현이나 사상(思想)의 문제가 아니라 **〈시를**

위한 재편성 작업〉을 보다 염두에 두어야 한다. 앞에 이야기했듯이 작자가 이야기하려는 의도대로 쉽게 표현하는 훈련이 필요하다. 이제 위 시어(詩語)들의 행을 가르고 제목을 붙여 보자.

겨울, 자작나무

바람이 산등성이를 달린다
휘파람을 불며 눈을 몰고 달린다
빈 까치집에 숨으려는 눈마저
사정없이 끌어내며 달린다
바람에 못이긴 자작나무도
어느 양로원의 할머니처럼
서로의 가지를 비벼 보지만
마른기침 쿨럭이는
할머니의 어깨 같은 가지는
그만 찬바람에 꺾인다
잎이 무성하던 날
까치가 둥지를 틀면
우리의 가슴에 새끼를 품듯
그렇게 숨을 멈추던 자작나무
때로는 나뭇잎이 만든 그늘에

매미라도 숨어들면
　　바람에 서걱이는 나뭇잎 달래며
　　소리에 취하던 자작나무
　　바람에 채이면서
　　먼 하늘 바라보는 할머니
　　내세를 믿듯 봄을 그린다
　　　　　- 이길원의 〈겨울, 자작나무〉 전문 -

　시의 꼴이 된 듯싶다. 행을 두 행으로 갈라 보았다. 왜 그곳에서 갈랐는지를 독자는 한번 찬찬히 생각해 보라. 제목도 〈겨울, 자작나무〉라고 했다. 왜 〈겨울〉 다음에 〈 , 〉를 찍고 〈자작나무〉라 했는지 생각해 보라. 독자가 다른 제목을 붙이고 싶으면 붙여 보고, 행도 다시 갈라 보면서 어떤 느낌이 오나 보라. 표현도 다른 좋은 표현이 있다고 생각되면 고쳐 보자. 눈 내리는 산을 다른 시각에서 다른 각도로 보고 다른 시를 한 번 지을 수도 있겠다. 그와 같은 발상과 사고로 시를 공부해 보자.

제3장: 시와 소재에 관하여

소재와 시는 다르다

  시를 처음 써 보는 사람은 물론이고, 시를 좀 써 본 사람들도 시의 소재를 나열해 놓고 시라고 착각하는 사람이 의외로 많다. 또 시와 생활 체험을 혼동하는 시인들의 작품을 대할 때도 많다. 예를 보자.

    봄길
    꽃눈
    내리네

    두어 장
    날개
    수풀 속
    나비되어
    살포시 내리네

  〈봄〉이란 제목 아래 〈벚꽃〉이라는 부제를 단 이 시는 소재의 나열에 불과하다. 다시 말하면 작자의 감정이 약간 반영된 소재를 그냥 행 가름한 것에 지나지 않는다. 시집으로 묶어서 발표한 것을 보면 작자는 시라고 생각한 것 같다. 그러나 이처럼 소재의 나열이 그대로 시가 되는 것은 아니다. 이것을 다시 작자의 상상력이라는 용광로에 넣어 다시 창조하는 과정을 거쳐야 한다.

깊은 산곡(山谷)
외딴 초가(草家)
사뭇 외롭다

〈산가(山家)〉라는 제목이 붙은 시의 첫 연인데 이 역시 시라고 보기보다는 소재의 나열에 불과하다. 어떤 현상을 그저 나열해 놓은 것에 불과해 시적 호소력을 잃고 있다는 말이다. 김춘수 시인은 위의 시에 관하여 다음과 같이 말하고 있다.

"〈산곡〉과 〈초가〉 앞에 〈깊은〉과 〈외딴〉이란 형용사를 붙여 〈외롭다〉는 관념을 구체적으로 보여 주려 시도했으나 〈산곡〉이니 〈초가〉하는 용어조차 시어로는 통속적이고 보면 시인의 상상력이 약했다고 볼 수밖에는 없다."
- 김춘수의 〈시의 이해와 작법〉 중에서 -

또 다른 시를 보면서 비교해 보자.

(A) 세계의 민주주의의 씨를 뿌리고

세계의 민주주의 꽃에 물을 주는
　　민주주의의 원정

(B) 함께 가자 우리 이 길을
　　셋이라면 더욱 좋고 둘이라도 함께 가자
　　뒤에 남아서 먼저 가란 말일랑 하지 말자
　　앞서 가며 나중에 오란 말일랑 하지 말자
　　일이면 일로 손잡고 가자
　　천이라면 천으로 운명을 같이 하자
　　　　- ○○○의 〈함께 가자, 우리들〉 전반부 -

　위의 시(A)는 광복 직후에 발표된 시이고, (B)는 군사 정권이 이 나라를 강점하던 시기에 발표된 시다. 그 당시에는 신문이나 잡지에서도 의도적으로 조명해 준 탓도 있겠지만 제법 알려진 시들이다. 그러나 이 시들은 모두 소재에 약간의 목적 관념을 반영시켜 그것을 행 가름해 놓은 것에 지나지 않는다.

　(A)에서는 〈민주주의의 씨〉니 〈민주주의 꽃〉이니 하는 어구가 무슨 데모의 구호 같기도 할뿐더러 시어로 진부하기도 하다. (B) 역시 무슨 집회의 앞장에 서서 선동하는 구호 같다. 엄밀히 말해서 이런 식의 수사법으로 쓴 시를 시라고 볼 수는 없다. 다시 말하면 어떤 소재를 시의 세계, 즉 예술의 차원까지 끌어 올리지 못했다는 말이다.

광복 직후 또는 군사 정권이 이 나라를 강점하던 시기에 이런 종류의 시를 마구 쓰면서 시인이라고 으스대던 시대가 있었다. 또 집중적으로 언론이 조명한 탓에 당시 유명 시인으로 등극하기도 했다. 시대적 배경을 생각하면 그럴 수도 있으나 그런 감정과 의욕이 그대로 시가 될 수는 없는 시의 소재나 체험일 뿐이다. 이것을 시로 승화하기에는 섬세한 표현으로 연마된 언어의 묘미를 보여 주어야 한다.

자기의 느낌이나 뜻을 솔직하게 읊는다(?)는 명분 아래 이런 작품을 써놓고 시라고 해서는 안 된다. 어떤 목적, 특히 정치적 사회적인 선전을 목적으로 적당히 행만 바꾸어 시의 형식을 빌린 것에 지나지 않는다. 위의 시들과 역시 광복 직후에 발표된 서정주의 〈밀어〉라는 시를 비교해 보자.

순이야, 영이야, 또 돌아간 남아.

굳이 잠긴 잿빛 문을 열고 나와서
하늘가에 머무른 꽃봉오릴 보아라

한없는 누에실의 올과 날로 짜 늘인
차일을 두른 듯 아늑한 하늘가에
뺨 부비며 열려 있는 꽃봉오릴 보아라

순이야, 영이야, 또 돌아간 남아.

　　저,
　　가슴같이 따듯한 하늘가에
　　인제 바로 숨 쉬는 꽃봉오리를 보아라.
　　　　- 서정주의 〈밀어〉 -

　문덕수 시인은 위의 서정주 시와 (A)나 (B)와 같은 시를 비교하는 대목에서 다음과 같이 말했다.

　"참된 시와 정치 구호와 같은 시가 어떻게 다른지 금방 알 수 있지 않은가. '굳이 잠긴 잿빛 문'은 감옥과 다름없는 죽음의 문이 굳게 닫긴 일제 36년을 상징하는 것으로 생각된다. '하늘가에 머무른 꽃봉오리'라든가, '뺨으로 부비며 열려 있는 꽃봉오리' 등은 광복을 맞는 새로운 기쁨의 상징이 아니겠는가. 이 시가 광복 직후에 발표되었다는 점을 생각한다면 이 시는 광복의 기쁨을 노래한 시임은 틀림없다. 여기에 운명이니 희망 또는 자신이니 하는 따위의 추상어가 들어 있지 않다. 이런 단어가 들어가야 '새 나라의 찬미'가 될 수 있다고 생각한다면 이는 시에 대하여 잘못 생각하고 있는 것이다. 꼭 광복이라든가 민주주의라는 말을 써야만 민주주의나 광복의 기쁨을 나타낸다고 생각하는 자체가 시의 상징적이며 미적인 짜임

새를 모르는 데서 오는 결과다."

 - 문덕수의 〈시론〉 중에서 -

소재와 시는 어떻게 다른가

만약 실생활이나 사회에서 경험한 소재가 곧 시가 된다고 생각한다면 시인이라는 특별한 재능을 가진 사람이 따로 존재할 필요가 없다. 숲속의 꽃이라든가 거리의 아름다운 여인을 보고 감탄하는 것은 누구나 할 수 있다. 길을 가던 아이가 교통사고로 죽은 장면을 보고 측은하게 생각하는 것도 누구나 마찬가지이다. 일반 사람들은 그것이 단지 체험으로 끝나지만 시인은 이것을 시로 표현할 수 있는 능력이 있는 사람이다.

이해를 돕기 위하여 구체적인 실례를 하나 더 들겠다. 다음의 경우 어느 것이 시의 꼴을 갖춘 것이고 어느 것이 소재의 상태로 남아 있는 것인가 구별해 보라.

1월이나 2월 어느 추운 겨울날 어느 산사에 들렸다고 하자. 바람은 세차게 부는데 붉은 산수유 열매가 아름답게 아주 고혹적으로 매달려 있는 것을 흔히 볼 수 있다. 눈에 띄게 아름다운 그 산수유 열매 곁에는 목련꽃이 봉오리를 만든 채 바람을 마주하고 있는 것도 흔히 볼 수 있다.

대부분의 사람은 '아, 산수유 열매가 아름답구나.' 하는 정도로 생각할 것이다. 그리고 좀 더 발전한다면 만지면 곧 터질 듯한 붉은 산수유 열매가 '젊은 여인의 허벅지 같다'라고 느낄 것이다. 또 산수유 열매 곁에 목련꽃이 별로 눈에 뜨이지 않는 색깔로 봉오리를 만들고 있는 것을 보고 '목련꽃이 저렇게 봉오리를 만든 채 겨울을 넘기는구나.' 하고 생각할 것이다. 조금 더 생각이 발전하면 '아, 목련꽃이 그렇게 봉오리를 만들고 기다리고 있다가 봄이 되기 무섭게 다른 꽃보다 먼저 꽃을 활짝 피우는구나' 정도일 것이다.

그러나 시인이라면 바로 그 자연의 신비함을 시로 쓰고 싶은 것은 당연한 일이다. 그게 시인이다. 바로 이 상황과 생각이 시의 소재인 셈이다. 이 소재가 그저 소재로 남느냐 시가 되느냐를 예로 들어 보겠다.

(C) 그 겨울 산사에는
　　붉은 산수유 열매
　　터질 듯한 살결로 매달려 있는데
　　곁에는 목련꽃
　　꽃망울 만들고
　　봄을 기다린다
　　칼날처럼 등에 꽂히는 찬바람 맞으며
　　봄을 기다린다
　　훈풍이 부는 봄이 오면
　　지난겨울의 혹독한 추위를 이긴 목련꽃

활짝 열릴 게다
어느 꽃보다 먼저 피어

　제목도 〈겨울 목련〉이라고 붙여 보면 제법 시의 꼴을 갖춘 듯이 보일 게다. 또 제법 의미라도 담은 듯 보이지만 사실 이것은 소재의 나열에 불과하다. 보이는 상황을 그림이라도 그리듯이 나열해 놓은 것에 불과하다. 대부분 시를 처음 써보는 사람들이 이렇게 써 놓고 잘 썼다고 생각하며 보아 달라고 내놓는 경우가 많다. 왜 그렇게 이야기하는지 잘 느껴지지 않으면 같은 소재를 가지고 다음과 같이 표현한 예문과 비교해 보라.

(D) 소망이란
　　2월 하늘아래 목련꽃 봉오리 같은 것
　　허벅지 자랑하는 조급한 계집처럼
　　붉은 산수유 열매
　　소름 돋는 살결 오그릴 때
　　칼날처럼 등에 꽂히는 찬바람 맞으며
　　가슴에 꽃잎 싸안고 기다리는 것

　　어느 꽃인들 먼저 피어
　　바람을 이야기 하고 싶지 않은가

어느 꽃인들 따듯한 바람에
꽃봉오리 못 만들겠나

남해 바람 한줄
얼음 같은 하늘 뚫고 천릿길 달려오면
참았던 울음 와락 터트리듯 그렇게
진달래보다 먼저 피어
웅크린 풀잎과 지친 나무들에게
삶이란 때때로 기대해 볼만하다며
참고 기다리는 맺힌 꽃잎인 것

   여기에 〈목련의 2월〉이라는 제목을 붙여 보았다. (C)의 예문과 (D)의 예문이 어떻게 다른가 비교해 보자. 찬찬히 읽어 보면 (C)와 (D)의 다른 점을 발견할 수 있을 것이다. 시의 첫 연을 〈소망이란/2월 하늘 아래 목련꽃 봉오리 같은 것〉이라고 표현했다. 다른 모든 꽃이 엄두도 못 내는 추위에 봉오리를 만들고 봄을 기다리고 준비하는 것을 좋은 날을 꿈꾸며 고난을 극복하는 사람들의 소망 같은 것이라고 비유한 것이다. 왜 필자가 (C)는 소재의 나열이고 (D)는 시적 표현이라고 하는지 느낄 수 있지 않은가. 사실 소재의 나열과 시적 표현은 백지 한 장의 차이다. 그러나 시의 형태로 볼 때는 엄청난 차이가 있다.

소재가 될 수 있는 어떤 사물이나, 경험이 아무리 강렬하더라도 그것만으로는 시가 되지 않는다. 시란 그러한 소재에 생각과 상상을 담아 언어로 표현하는 또 다른 차원에서 이루어지는 예술이다.

시어의 선택

그렇다고 시적 용어가 따로 있는 것이 아니다. 흔히 시를 〈언어의 예술〉이라고 말한다. 그러나 시의 언어와 일상의 언어가 구별되는 것은 아니다. 모든 일상어는 시의 언어가 될 수 있다. 19세기 영국의 대표적 시인인 워즈워스(William Wordsworth:1770~1850)가 일상어로 시어를 쓰기를 주장했고 1930년대의 김기림 시인도 일상어를 주장한 바 있다.

그러나 일상어가 그대로 시의 언어가 될 수 없다는 점을 알아야 한다. 서투른 시인이나 시를 처음 써 보는 사람들이 소재를 행 가름해 놓고 시라고 생각하듯이 일상어를 그대로 쓰는 것 또한 마찬가지이다. 일상어를 소재로 하지만 그 일상어를 깎고 다듬어 의도한 대로의 형태로 구성해야 한다. 마치 조각가가 우리 주변의 흔한 돌을 가지고 아름다운 형상을 만드는 것과 마찬가지이다. 예를 보자.

(E) 물아
  쉬임없이 끝없이 흘러가는
  물아

너는 무슨 뜻이 있어

그와 같이 흐르는가

이상스레 나의

애를 태운다

끝 모르는 지경으로 나의 혼을

꾀어 간다

- 오상순의 〈허무혼의 선언〉 제1,2연 -

(F) 여울 지어

수척한 흰 물살

갈갈이

손가락 펴고

- 정지용의 〈비〉 제 5,6연 -

 (E)와 (F)를 비교해 보면 언어를 갈고 닦은 수준의 차이를 볼 수 있다. (E)의 경우 느끼는 대로 감정을 솔직히 표현했다고 할 수 있겠지만 언어를 다듬었다고 볼 수는 없다. 언어가 연마되어 있지 않은 소재의 수준이라고 느껴진다. 거기에 비하면 (F)는 일상어이지만 언어가 연마되어 있다. 시적 표현에 일상어를 쓰면 좋으냐 아니냐를 이야기하는 것은 중요하지 않다. 다만 일상어를 아름답게 표

현하는 숙련이 필요할 뿐이다.

  그렇다고 시적 소재가 꼭 거창해야 한다는 말이 아니다. 일상생활의 사소한 일이라도 시적 소재가 될 수 있다. 단지 그 소재를 어떻게 소화하고 표현하느냐가 관건이다.

  4행시를 즐겨 쓰는 강우식 시인의 〈무심〉이라는 시를 보자. 청년 시절에 쓴 시로 부부간의 일상적인 이야기를 풀어낸다.

> 바람에 쓸리는 풀잎이듯
> 잠결에도 아내 쪽으로 돌아눕는다.
> 무심으로 하는 이 하찮은 일들이
> 내 미처 몰랐던 사랑이 된다.
>   - 강우식의 〈무심〉 전문 -

  강우식은 사소한 일상에서 아주 사소한 일로 시를 잘 만드는 시인이다. 시적 소재라는 것이 위의 시처럼 무슨 거창한 데서 오는 것이 아니라 사소한 일상에서 올 수 있다는 것을 말해 준다. 자기 스스로가 살아가는 인생에 어떤 의미를 주느냐에 따라 달라짐을 시사해 주는 시이다.

같은 소재라도 시대에 따라 시각도 변한다

  소재도 시대에 따라 보는 시각도 바뀐다. 어느 때는 주로 자연을 소재로 한 경우가 있는가 하면 사회 현상을 주 소재로 다루는 경우도 많다. 그러나 시대가 바뀌어도 시인의 관심거리가 되는 소재는 역시 자연이다. 하늘이나 산, 강, 바다. 꽃, 바람 등은 옛날뿐만 아니라 오늘날에도 꾸준히 시의 소재가 되고 있다. 그러나 그 소재를 보는 시각에는 시대에 따라 큰 차이가 있다. 그것은 시대에 따라 시인이 보는 눈도 다르기 때문이다. 진달래를 소재로 한 시의 예를 보자.

(G) 나보기가 역겨워

　　가실 때에는

　　말없이 고이 보내드리오리다.

　　영변에 약산

　　진달래 꽃

　　아름 따다 가실 길에 뿌리오리다.

　　가시는 걸음걸음

　　놓인 그 꽃을

　　사뿐히 즈려 밟고 가시옵소서.

　　나보기가 역겨워

　　가실 때에는

　　죽어도 아니 눈물 흘리오리다.

　　- 김소월의〈진달래〉전문 -

(H) 조숙했나보다. 이 계집

계곡에는 아직도 겨울이 웅크리고 있는데

잎이나 피워 그 알몸 가리기도 전에

붉은 꽃잎 내밀어 화사 하구나

싸늘한 가시 바람 억세게 버틴

가냘픈 가지들의 이 꽃 덤불

아, 이 꽃 덩어리 꽃 등불

에덴의 이브도 잎사귀 하나야 있었는데

유혹할 사내도 없는 이 천부적 화냥기는

제 알몸 열기로 불태우는구나.

아직도 파란 겨울 하늘이 남아 있는 걸

진달래야 진달래야 진달래야 진달래야

- 이길원의 〈진달래〉 전문 -

　(G)와 (H)는 그 소재가 다 같이 〈진달래〉이다. 그러나 1930년대에 보는 진달래에 대한 시각과 1990년대에 보는 진달래에 대한 시각은 이렇게 큰 차이를 나타낸다. 현대 젊은이들이 임이 떠난다고 해서 김소월식으로 〈사뿐히 즈려 밟고 가시옵소서〉하는 시각은 아닐 것이다. 다시 말하면 같은 소재라도 시대에 따라 그 소재를 보는 시각이 달라질 수밖에 없다는 말이다. 요즈음 어느 시인이 진달래를 김소월식으로 표현하면 진부하다고 할 것이다. 그건 역시

1930년대의 발상이다.

  한 번 더 강조하자면, 소재가 곧 시가 될 수는 없다. 소재를 어떻게 시로 표현해야 하느냐를 생각해야 한다. 시로 표현하기까지 많은 생각과 상상이 필요하다. 보고 느끼고 생각하라. 그런 연후에 시로 표현해라. 즉흥시를 못 쓴다고 부끄러워하지도 마라. 시인은 아무 때나 노래할 수 있는 가수가 아니다. 오히려 사색하고 생각하는 철인(哲人)이라는 편이 옳다.

제4장: 시 표현법

은유와 직유

  칠레의 국민 시인으로 잘 알려진 파블로 네루다(1904~1973)가 이탈리아에서 망명 생활 중 겪은 이야기를 담은 〈네루다의 우편배달부〉라는 소설이 있다. 안토니오 스카르메타라는 기자가 네루다의 망명 생활을 취재하다 쓴 소설이다. 작가는 이 소설을 통해 문학의 진실과 감동, 시의 본질을 일깨워 주고 있다. 한 편의 시가 삶과 자연과 세계와 만나 마침내 새로운 삶과 사랑을 끌어내는 문학의 진실을 아름답게 그리고 있는 소설이다. 영화 '일 포스티노'의 원작이기도 하다.

  소설은 평소 네루다의 시를 좋아하던 청년 마리오 히메네스가 이슬라 네그라로 이사 온 네루다의 전담 우편배달부가 되면서 시작한다. 처음엔 무심하게 우편물을 받던 네루다는 마리오에게 점점 마음을 열기 시작한다. 나중엔 한 여인(베아트리체)과 사랑에 빠진 마리오가 네루다에게 도움을 요청하기도 한다.

  네루다의 시를 몽땅 외운 마리오는 베아트리체 어머니의 완강한 반대에도 불구하고 여인의 마음을 얻는 데 성공한다. 바로 이 '은유'라는 메타포 때문이다. 마리오는 베아트리체에게 "미소가 나비처럼 번진다."라거나 "청순한 소녀 옆에 있는 것이 새하얀 바닷가에 있을 때처럼 행복하다."는 등의 낭만적인 표현으로 그녀의 마음을 사로잡는다. 결국, 두 사람은 결혼하게 되고, 첫째 아이 이름을 네루다의 본명을 넣어 '파블로 네프탈리'로 짓기로 한다.

저자는 마리오의 개인적인 삶과 칠레에 엄습한 정치적 냉혹함 사이에서, 밝고 로맨틱한 사랑과 1973년 네루다와 아옌데 대통령의 죽음이라는 비극 사이에서 절묘한 평행선을 만들어 내고 있다. 작품 속에 넘쳐나는 재치 넘치는 묘사와 대화, 해학적인 성 묘사, 순수함이 빚어낸 일화들이 잔잔하면서도 진한 감동을 전해준다.

〈네루다의 우편배달부〉 중에 네루다에게 시를 배우러 오는 우편배달부와 네루다가 나누는 대화에 이런 이야기가 있다. 시를 전혀 모르는 우편배달부에게 은유를 가르치려 하는 대목이다.

"'하늘이 운다.'가 뭐지?"
"비가 오는 거죠."
"그래, 그게 은유다."

은유란 바로 이런 것이다. 시는 바로 이런 은유적 표현이 요구된다. 이런 은유적 표현이 아닌 직설적 표현은 시로서 매력이 없다. 오탁번 시인의 〈시인과 소설가〉라는 시 한 편 소개한다. 1930년대 현대문학사에서 있었던 실화를 재구성한 이 시는 시가 어떤 것인지를 한 번에 알려준다.

어느 날 거나하게 취한 김동리가
서정주를 찾아가서
시를 한 편 썼다고 했다
시인은 뱁새눈을 뜨고 쳐다봤다
- 어디 한번 보세나
김동리는 적어오진 않았다면서
한번 읊어보겠다고 했다
시인은 턱을 괴고 눈을 감았다

- 꽃이 피면 벙어리도 우는 것을…
다 읊기도 전에
시인은 무릎을 탁 쳤다
- 기가 막히다! 절창이네 그랴!
꽃이 피면 벙어리도 운단 말이제?
소설가가 헛기침을 했다
- '꽃이 피면'이 아니라, '꼬집히면'이라네!
시인은 마늘쫑처럼 꼬부장하니 웃었다
- 꼬집히면 벙어리도 운다고?
예끼! 이사람! 소설이나 쓰소
대추알처럼 취한 소설가가
상고머리를 갸우뚱했다

- 와? 시가 안 됐노?

　　그 순간
　　시간이 딱 멈췄다
　　1930년대 현대문학사 한 쪽이
　　막 형성되는 순간인 줄은 땅띔도 못하고
　　시인과 소설가는
　　밤샘을 하며
　　코가 비뚤어졌다
　　찰람찰람 술잔이 넘쳤다
　　　　- 오탁번의 〈시인과 소설가〉 전문 -

　오탁번의 이 〈시인과 소설가〉라는 시에서는 시인의 입을 통하여 〈시 표현에 있어 은유〉가 얼마나 중요한가를 단적으로 보여주는 예이다. 시는 은유로 시작해서 은유로 마무리 진다고 보아도 무방하다.
　일제 강점기에도 우리나라 시맥의 끈을 놓지 않은 이육사의 〈절정〉이란 시는 은유로 시작해서 은유로 맺는 절창이다.

　　매운 계절의 채찍에 갈겨
　　마침내 북방으로 휩쓸려 오다.

하늘도 그만 지쳐 끝난 고원
서릿발 칼날 진 그 위에 서다.

어디다 무릎을 꿇어야 하나
한 발 재겨 디딜 곳조차 없다.

이러매 눈 감아 생각해 볼밖에
겨울은 강철로 된 무지갠가 보다.
　　- 이육사의 〈절정〉 -

　일제 강점기 독립을 위해 만주로 간 이육사는 이 시에서 겨울을 〈매운 계절〉이라 표현했다. 북방, 즉 만주 벌판의 바람이 채찍을 휘두르듯 매섭기 때문일 것이다. 아니 그보다는 일제에 강점당한 조국에 불어닥친 매운 바람에 휩쓸려 독립 운동하고자 북방으로 밀려온 자신을 은유적으로 표현한 것이다.
　나약한 그는 한 발 더 내디뎌, 갈 곳조차 없다고 한다. 매운 겨울이라는 시련을 겪고 〈강철로 만들어진 무지개〉라는 이미지가 선명한 결의에 찬 처절한 시이다.
　이육사는 광복을 한 해 앞둔 1944년 만주 감옥에서 옥사하고 만다.
　한글 사용이 금지된 일제 강점기에도 의지 굳은 시인들은 현대 문학의 발판을 마련하고 있었다. 어려운 시기에도 시인들은 한국

문학의 진수인 시를 통해 한글의 묘미를 알려준 셈이다. 한용운의 〈나룻배와 행인〉도 그 한 예이다. 나를 나룻배에 당신을 행인에 비유한 이 시는 직유의 대표적 예이다.

나는 나룻배
당신은 행인.

당신은 흙발로 나를 짓밟습니다.
나는 당신을 안고 물을 건너갑니다.
나는 당신을 안으면 깊으나 옅으나
급한 여울이나 건너갑니다.

만일 당신이 아니 오시면 나는 바람을 쐬고
눈비를 맞으며 밤에서 낮까지 당신을 기다리고 있습니다.
당신은 물만 건너면 나를 돌아보지도 않고 가십니다그려.
그러나 당신이 언제든지 오실 줄만은 알아요.
나는 당신을 기다리면서 날마다 날마다 낡아 갑니다.

나는 나룻배.
당신은 행인
  - 한용운의 〈나룻배와 행인〉 -

다음은 2016년 공무원 문예 대전에 시 부문 대상을 받은 작품을 소개해 본다. 투고한 2,108편의 시 대부분 시 공부가 부족했다. 성경 구절을 읽듯 교조적인가 하면, 하고 싶은 이야기를 행만 가른 채 서술한 것도 상당히 많았다. 좋은 이야기이지만 시로서는 매력이 없었다. 또는 어떤 현상에 스스로 감동한 나머지 독자와 공감대를 형성하지 못하고 읽는 사람에겐 아무런 느낌이 없는 상식적인 이야기를 진지하게 늘어놓은 작품도 많았다.

감추어야 할 말과 들어낼 말이 서로 엉켜 산만한 작품 또한 많았다. 보이는 자연 현상을 아름다운 말로 기술하기는 했으나 느낌도 메시지도 없는 작품도 많았다. 그런 중에서 〈소금 꽃〉이란 작품이 눈에 띄었다.

> 땡볕을 한 줌씩 퍼 올리는 여자
> 거친 숨소리가 바닥을 메워나간다
> 한 계단씩 밟아 오르는 그녀
> 공중부양해 있는 자세가 제법 안정적이다
> 간혹 무게중심이 흐트러지면
> 그녀는 위태롭게 흔들린다
> 정지 시키려는 비틀거림과
> 진행하려는 힘이 맞물려 돌아가는 수차
> 소금냄새를 움켜잡았던 바람이

덩달아 휘청거린다
더 늘어질 것 없는 여자의 몸빼 고무줄이
끊어지지 않으려 이를 악다문다

그녀가 허공에 다시 올라선다
아슬아슬 했던 세상이, 순간
중심을 잡는다

여자는 물결무늬 바다를 온 몸에 가두어 놓았다
태양을 등에 업고 자벌레처럼 움직여
소금 한 됫박 긁어모았던 그녀
소금을 녹여내던 땡볕이
몸속으로 들어왔던 것일까
땀샘에서 흩어지던 물방울이
마른소금으로 터져 나왔다
바닷물 표면에 반쯤 걸린 여자는
제 몸 녹여 천일염 고아내고 있었다
그녀가 머문 자리마다 소금꽃이 피어올랐다.
  - 김민규, 〈소금꽃〉 전문 -

염전에서 〈수차〉를 돌리며 일하는 한 여인의 이야기를 다룬 이 작품은, 감정을 절제한 채 처음부터 끝까지 은유적 표현으로 전개된다. 읽는 사람으로 하여금 긴장의 끈을 끝까지 놓지 않도록 이끄는 강렬한 서사가 돋보인다.

〈땡볕을 한 줌씩 퍼 올리는 여자/ 거친 숨소리가 바닥을 메워 나간다〉라는 표현으로 시작된 시에서 〈태양을 등에 업고 자벌레처럼 움직여/ 소금을 한 됫박씩 긁어모았던 그녀/소금을 녹여내던 땡볕이/몸속으로 들어왔던 것일까/땀샘에서 흩어지던 물방울이 /마른 소금으로 터져 나왔다〉라는 표현을 거치며 〈그녀가 머문 자리마다 소금 꽃이 피어올랐다〉라는 결구에 이르기까지 숨을 몰아쉬며 읽게 한 작품이다. 수채화를 그리듯 묘사된 〈바닷물에 반쯤 걸린 여자〉가 〈제 몸을 녹여 천일염을 고아내고 있다〉는 장면은, 불볕더위 속 한 여인의 숨 막히는 노동 현장을 자신의 감정을 절제한 채 담담히 그려냈다. 기성 시인들이 무색하리만큼 구조적으로도 잘 짜인 작품이다. 이 정도의 작품이면 대상으로도 손색이 없는 좋은 작품이라는데 심사위원들은 공감했다. 그러나 아쉬운 점은, 말하고자 하는 메시지가 좀 부족했다는 것이다.

시란 어떤 사물을 인식하고 그 모습을 드러내 이야기하고자 하는 의도대로 표현하는 것이다. 그러나 이야기하고자 하는 것이 무엇이든 간에 그 표현은 공감과 아름다움, 더 나아가서 읽는 이에게 감동을 줄 수 있어야 한다. 이를 표현하는데 은유는 중요한 수단이다. 그럼, 사물을 어떻게 드러내야 하는가를 살펴보자. 우선 다음 방법으로 시 쓰기를 전개해 보자.

첫째, 눈에 보이는 것이나 또는 어떤 관념을 그대로 그려 본다.
둘째, 눈에 보이는 것의 의미를 캐면서 그려 본다.
셋째, 눈에 보이는 것을 통해 눈에 보이지 않는 부분을 그려 본다.

예문을 보면서 검토해 보자.

예문 1〉
    그녀의 눈은 아름답다.
    그 아이는 예쁜 옷을 입고 있다.
    산이 매우 푸르다.
    산마을에 비가 내린다
    한겨울 집 모퉁이 양지바른 곳
    파란 강물이 흐르는데
    애비는 종이였다

예문 2〉
    그녀의 눈은 밤하늘의 별이다.
    그녀는 얼음 같다.

하늘이 운다.

바람은 피리 소리를 내며 산등성이를 달린다.

강낭콩보다 더 푸른 물결 위에

장독대 옆에 쪼그리고 앉은 앵두나무

예문 3〉

그녀의 눈은 터널 같다.

예리한 강이 흐른다.

하루에 한 마리씩 죽음을 먹어 치운다

음성은 전염병처럼 나를 엄습하고

예문 1의 문장은 단지 그녀의 눈이 〈아름답다〉든가, 산이 〈푸르다〉든가, 산마을에 비가 〈내린다〉는 등 어떤 상태나 사물을 그저 그려 놓은 것이다. 그러나 예문 2의 문장은 그녀의 눈이 〈밤하늘의 별처럼〉 아름답다든가, 그녀가 〈얼음처럼〉 차다든가, 산등성이에 바람이 부는 것이 아니라 〈피리 소리〉를 내며 〈달린다〉든가 물결이 〈강낭콩보다 더〉 푸르고, 앵두나무가 장독대 옆에 〈쪼그리고〉 있다는 직유 또는 은유적인 방법을 동원해 표현한 것이다.

반면 예문 3의 표현은 그 비유나 상상이 지나쳐 무엇을 이야기하려 했는지 이해가 잘 안되는 표현의 예이다. 읽는 사람이 왜 〈눈이 터널 같다〉고 표현했는지, 어찌하여 강을 〈예리하다〉고 했는지,

왜 하루에 죽음을 〈한 마리씩 먹는다.〉고 했는지, 절벽은 과연 〈서슬 시퍼런〉 것인지, 어찌하여 음성이 〈전염병처럼〉 엄습한다고 생각하는지 아리송하다.

즉, 예문 1은 사물을 그대로 풀어 놓은 것이고, 예문 2는 것은 상상력이 작용한 문장이다. 예문 3은 상상력은 작용했지만, 그 비유나 상상이 객관적이지 못할 뿐만 아니라 지나치게 비약되어 독자가 선뜻 이해하지 못하고 공감도 줄 수 없는 표현이다. 혹자는 그것이 상징적인 표현법이라고 말하거나 일상의 규칙과 관념을 파괴한 표현법이라고 이야기할지도 모른다. **그러나 진정 규칙을 파괴할 수 있는 사람은 규칙을 알고 있는 사람뿐임을 명심하길 바란다.** 시의 표현 역시 최소한의 규칙을 알고 써야 한다. 그래야만 규칙을 파괴하고 싶을 때도 일정 한계를 벗어나지 않을 수 있다.

시란 말장난이 아니다. 또 시란 있는 것 또는 보이는 것을 곧이곧대로 이야기하는 것도 아니다. 시의 목적은 어떤 사물이나 생각 속에 숨겨져 있는 비밀이나 매력 또는 아름다움을 드러내는 데 있다.

그런 관점에서 보면 위의 표현 중 예문 1과 2가 다름을 확연히 구분할 수 있고, 예문 3이 왜 잘못된 표현인가를 구별할 수 있을 것이다. 예문 2의 표현과 같이 상상력이 작용한 표현에 관한 연습을 많이 해야 한다.

그렇다고 예문 1과 같은 표현법을 시에서 쓸 수 없다는 말은 아니다. 단지 시어로써 그 맛이 떨어진다는 말이다. 때때로 유능한 시인들이 예문 1과 같은 단순 사실의 나열로 깊은 뜻을 숨긴 좋은 시를 쓰는 경우가 있다. 그러나 예문 3과같이 비유가 지나치거나 혹은 말장난 같은 표현은 삼가는 것이 좋다. 철학 부재라고 비난당할 여지도 있을뿐더러, 그런 표현법은 시의 주제나 앞뒤 문장을 긴밀히 연결하는 고도의 표현 기술이 요구되니 습작기에 있는 사람은 섣불리 사용하지 않는 것이 좋다. 이름을 날리는 시인 중 이런 기법으로 깊은 상념 없이는 이해하기 어려운 시를 쓰기도 한다. 그러나 습작기에 있는 독자들이 이런 경지에 이르려면 더 많은 수련이 필요하니 아직은 시도하지 않는 게 좋다. (《상상과 이미지》에 관하여는 추후 설명하겠다.)

남의 작품을 읽을 때도 예문 1과 2 또는 예문 3의 차이를 알고 읽으면 표현의 섬세함과 그 깊이에 빨리 접근할 수 있다. 대체로 우수한 시인과 그렇지 못한 시인의 평가가 여기서 판가름 난다. 왜냐하면, 시의 맛이 2번과 같은 은유를 바탕으로 하는 형상화 단계에서 그 성패가 좌우되기 때문이다. 우리는 이와 같은 표현법에 유의하며 시 쓰는 연습을 많이 해야 한다.

어떻게 써야 제맛이 날 것인가를 곰곰이 생각하면서 시를 써보라. 단 한 편을 쓰더라도 제대로 된 시를 써야 한라.

은유와 비유는 시에서 빼놓을 수 없는 부분이기에 시는 은유로 시작해서 은유로 끝난다 해도 과언이 아니다. 시인들은 시를 쓰기 전에 어떻게 비유하고 어떻게 표현할 것인가에 대하여 고심한다. 몇 가지 예를 보자.

바다에 이르자
비로소 잠잠해 졌다. 강은
물보라를 일으키며 바위도 흔들어보고
때론 흙탕물을 일으키더니

아버지는 이 산하의 강물이었다.
욕심 사납게
계곡의 쫄쫄 흐르는 물 모아
담지도 못하고 흘려보내는

흐르면서도
품에 고기들을 키웠다
끝없이 흘러드는 오수와 싸우며
갈라먹고 더럽히고 헤집다가
모두 떠났다
홀로 흘러갔다. 강은
등줄기에 노을 가득 걸어 놓고

(돌아가신 빈자리에 남긴 것이라곤 하루에 몇 알씩 톡톡 두드려 먹다 만 은행 몇 알. 나는 전자레인지에 확 돌려 이마저 한꺼번에 먹어 치웠다. 그 뿐이었다.)

— 이길원의 〈아버지가 남긴 은행 몇 알에 대한 명상〉 전문 —

　나의 부친은 한 생애 요란하게 사셨다. 독립운동하다 투옥되기도 하고 한때 사업도 열심히 하기도 했다. 이 땅의 모든 아버지가 그러하듯이 자식들을 위해 한 생애 열심히 사시던 아버지가 돌아가셨다. 장례를 마치고 아버지 방을 정리하던 형제들은 이부자리 밑에 은행이 담긴 자루를 하나 보았다. 어머니 말씀에 의하면 몸에 좋다고 구워 하루에 몇 알씩 톡톡 두드려 어머니와 함께 깨 드시던 것이란다.
　그러고 보니 한 생애 요란하게 사시던 아버지가 돌아가신 후 남긴 것이라고는 그게 전부가 아닌가. 빈손으로 왔다가 빈손으로 가는 인생. "은행을 우유 팩에 넣고 전자레인지에 돌리면 튀지도 않고 잘 구워진다."라고 누나의 말에 형제들은 남긴 은행을 전자레인지에 확 돌려 이마저 한꺼번에 먹어 치웠다. 그러고 나니 아버지가 남긴 건 아무것도 없었다.
　한 생애 자식들을 위해 열심히 살다 빈손으로 돌아가는 이 땅의 아버지를 표현하고 싶던 나는 아버지를 강에 비유하기로 했다. 내가 일하는 출판 도시에서 보이는 한강 하류. 옛사람들이 호수로 보아 〈서호〉라 명명했던 한강 하류. 유유히 흐르는 한강이 서호를 지나 바다에 닿으면 강의 역할이 끝나는 것이다. 그 〈강〉에 아버지의 생애를 비유하기로 했다. 그런 연유로 위와 같은 시가 탄생했다.

한 생애 자식들을 위해 몸 부서져라 일만 하시던
아버지
그에게도 기쁨과 슬픔에 있었으련만
자식들을 위해 모두 버리고
이제는 빈손으로 저 세상으로 가신
아버지

이런 식으로 표현한다면 시로서 매력이 없다. 말이야 맞지만 이건 설명이지 시가 될 수 없다. 아버지를 어디에 비유할 것인가를 찾는 것이 시 쓰기의 기초이다. 여기서는 아버지의 역할을 흐르는 강물에 비유해 표현한 것이다. 3년 후 어머니가 돌아가셨다. 이번에는 어머니에 대한 시를 쓴다.

어머니는 구름이 되었다
이제는 강이 된 아버지 곁을 서성이는
슬픈 가락으로 부르던 노래는
구름 끝자락에 매달린 메아리
때로는
한 생애 참았던 눈물
마음 놓고 흘리기도 하며

내 어찌 알까. 그 마음

기운 이불 실밥처럼

슬픔으로 점철된 생애도

축복처럼 감사하던 마음을

천수경 편 채 불상처럼 앉아

누이의 고단한 삶을 탄식처럼 뇌던

그에게 나는 슬픔이었다

소나기 양철지붕 두드리듯

떠들썩했던 추억 가슴에 묻고

이제는 짐이 되지 않겠다며

발걸음도 조용했던 주름진 미소

하늘빛 삼킨 그 외로움을

나는 왜 몰랐을까

- 이길원의 〈구름에 대한 명상〉 -

어머니가 〈돌아가셨다〉고 하지 않고 〈구름이 되었다〉고 했다. 그것도 강이 된 아버지 곁을 서성이는 구름이 되었다고 했다. 가난을 당연한 것으로 알던 시대의 어머니들은 인내와 고난으로 점철된 삶이었다. 어렵게 사는 자식이 있다면 탄식처럼 늘 그를 염려하고, 슬픈 일이 있어도 마음 놓고 울어 본 적이 없다. 그런 어머니들을 구름에 비유한 것이다. 마음 놓고 울기도 하는 구름처럼.

 가난했던 우리의 삶을 은유적으로 표현한 오탁번의 〈밥 냄새〉라는 시를 보자. 따끈따끈한 밥을 〈하동지동〉 먹는다는 표현이 강렬하게 눈에 들어오는 시다. 읽으면서 눈물이 어른거리지 않는다면 시심이 없는 사람이다.

   하루걸러 어머니는 나를 업고
   이웃 진외가집으로 갔다
   지나가다 그냥 들른 것처럼
   어머니는 금세 도로 나오려고 했다
   대문을 들어설 때부터 풍겨오는
   맛있는 밥 냄새를 맡고
   내가 어머니 등에서 울며 보채면
   장지문을 열고 진외당숙모가 말했다
   --언놈이 밥 먹이고 가요
   그제야 나는 울음을 뚝 그쳤다
   밥소라에 퍼 주는 따끈따끈한 밥을
   내가 하동지동 먹는 걸 보고
   진외당숙모가 나에게 말했다
   -- 밥 때 되면 만날 온나

아, 나는 이날 이때까지
이렇게 고운 목소리를 들어 본 적이 없다
태어나서 젖을 못 먹고
밥조차 굶주리는 나의 유년은
진외가 집에서 풍겨오는 밥 냄새를 맡으며
겨우 숨을 이어갔다

- 오탁번의 〈밥 냄새〉 전문 -

결론 부분인 〈이날 이때까지 이렇게 고운 목소리를 들어본 적이 없다. 태어나서 젖을 못 먹고 밥조차 굶주리는 나의 유년은 진외가 집에서 풍겨오는 밥 냄새를 맡으며 겨우 숨을 이어갔다.〉는 표현은 반세기 전 가난했던 시절을 대변해 주는 셈이다.

몇 편 더 소개해 보겠다. 연시(戀詩)를 감칠맛 나게 쓰는 시인으로 잘 알려진 문효치 시인의 〈피리〉란 시를 소개한다.

나는 대나무여요.
외로운 악사(樂士)의 피리가 되기 위해
거센 바람에도 부러지지 않고
수많은 칼질에도 베이지 않았어요.

푸른 하늘을 머금고 키워 온 몸뚱이는

외로움의 낮을 가는 未知의 악사,
그의 낮 날에나 잘리워질 거예요.

그의 꼿꼿한 송곳으로 내 몸엔 구멍이 뚫리고
그 구멍으로 새로운 세상이 내다 보여요.

그의 낮질이 다듬는대로 이 몸이 다시 빚어지면
어느덧 나는 한 자루의 피리가 되어요.

그의 두 손이 더듬어 보듬으면
온 몸은 파르르 떨리는 성감대.

그의 입술이 와 닿으면
영혼 깊숙이 앓는 환희의 몸살.

뜨거운 입김이 몸 가득 퍼질 때
아, 나는 신음 같은 청을 돋궈 노래를 해요.
  - 문효치의 〈피리〉 전문 -

  피리에서 사랑하는 사람과의 교감을 연상케 하는 이 시의 비유는 압권이다. 〈그의 두 손이 더듬어 보듬으면 온몸은 파르르 떨리는 성감대. 그의 입술이 와 닿으면 영혼 깊숙이 앓는 환희의 몸살. 뜨거운 입김이 몸 가득 퍼질 때, 아, 나는 신음 같은 청을 돋워 노래를 해요.〉 이런 감성으로 비유할 대상을 찾아 그린다는 것이 바로 시 쓰기의 지름길이다. 시인들은 부지런히 이와 같은 언어를 찾기 위해 골몰하는 사람들이다.

 못에 관한 시로 명성을 날리던 김종철 시인의 시도 한 편 소개해 본다.

   못을 뽑습니다
   휘어진 못을 뽑는 것은
   여간 어렵지 않습니다
   못이 뽑혀져 나온 자리는
   여간 흉하지 않습니다
   오늘도 성당에서
   아내와 함께 고백성사를 하였습니다
   못 자국이 유난히 많은 남편의 가슴을
   아내는 못본 체 합니다
   나는 더욱 부끄러웠습니다
   아직도 뽑아내지 않은 못 하나가
   정말 어쩔 수 없이 숨겨둔 못대가리 하나가
   쏘옥 고개를 내밀었기 때문입니다

- 김종철의 〈고백 성사(못에 관한 명상)〉 전문 -

〈못에 관한 명상〉이라는 부제가 달린 김종철의 〈고백 성사〉라는 시 역시 비유가 뛰어난 작품 중 하나이다. 젊은 나이에 작고한 김종철 시인은 이미 실력을 인정받았던 중견 시인이었으니, 이제 막 시 공부를 하는 독자들과 비교할 수는 없다. 나의 죄를 뽑아내야 할 못에 비유한 은유가 뛰어난 이 시는, 읽는 이로 하여금 작자가 의도하는 바를 쉽게 느낄 수 있게 한다. 여기에 고해성사를 대비시키니 읽는 사람이 어떤 느낌을 받는가. 논리성 있게 구성한 수법도 뛰어나니, 이런 점을 유의하여 읽어보라. 〈아직도 뽑아내지 않은 못 하나가/정말 어쩔 수 없이 숨겨둔 못 대가리 하나가/고개를 쏘옥 내밀었기 때문입니다〉라는 대목에서 무엇을 느끼는가. 시는 이렇게 써야 제맛이 나는 법이다.

이미지가 형성되어야

고은 선생의 단 2행에 불과한 〈그 꽃〉이란 시는 정치인들이 즐겨 인용하는 시다.

내려갈 때 보았네
올라갈 때 보지 못한 그 꽃
- 고은의 〈그 꽃〉 전문 -

오로지 정상에 오르겠다는 생각에 미쳐 볼 겨를도 여유도 없었던 주위 사람들이, 목표를 이루고 난 후 자리에서 물러날 때, 그때나 보이는 것이다. 꽃을 이야기했지만, 이것이 바로 우리 인간사다. 목표를 성취만을 위해서 앞만 바라보고 부지런히 올라갈 때는 주위에 보이지 않던 것이 정상에서 내려올 때 비로소 보인다는 말이다. 겸손해야 한다는 말이다.

이제 예문 2와 같은 표현법으로 쓴 시의 경우를 보자. 대부분 자주 읽히는 좋은 시라고 평가되는 시들이 이런 부류에 들어간다. 시를 공부하는 사람들이 눈여겨 익히고 연습해야하는 표현법이다.

> 강나루 건너서 밀밭길을
> 구름에 달 가듯이 가는 나그네
> - 박목월의 〈나그네〉 중에서 -

나그네를 〈구름에 달 가듯 간다〉고 표현하니 어떤 기분이 드는가? 이처럼 독자가 자연스럽게 이미지가 떠오르도록 시를 써야 한다. 사실 이와 같은 표현은 단숨에 나오지도 않으니, 시인들은 끊임없이 이와 같은 적절한 표현을 하기 위해 가슴앓이를 하는 사람들이라고 보면 된다.

> 선이 한 가닥 달아난다

실뱀처럼

　　　또 한 가닥 선이 뒤쫓는다

　　　　　- 문덕수의 〈선에 관한 소묘〉 중에서 -

　선이 〈달아나고〉 또 〈실뱀처럼〉 뒤쫓는다는 표현은 어떤가. 이렇게 상상을 자아낼 수 있도록 표현해야 맛이 나는 법이다.

　　　너를 사랑한다는 지고지순의 말을

　　　아직 한 번도 똑바로 사용하지 못하고

　　　안타까운 눈빛의 반벙어리로

　　　이렇게 짧은 한 세상을 가슴치듯 살고 있음은

　　　내 입속의 혀가 조금은 짧기 때문이다

　　　내 입속의 혀에 너무 많은 때가 묻어 있기 때문이다

　　　　　- 김용오의 〈두 사람에 관한 성찰〉 전문 -

　입속의 혀가 〈짧으며〉 입속의 혀에 〈많은 때가 묻어 있다〉는 표현을 보라. 어떻게 쓸 때 맛이 나는지 생각해 보라.

　　　동백꽃 봉우리가 다하지 못한 몸짓

　　　바닷물이 받아서 웅얼거리는 소리

　　　　　- 서정주의 〈봄추위〉 중에서 -

동백꽃 봉우리가 다 하지 못한 〈몸짓〉을 바닷물이 받아서 〈웅얼거린다〉는 표현은 어떤가.

온 몸 더듬으며
세포의 고리마다
갈가리 풀어놓는
임의 손길

때로는 밭이랑 갈듯
긴 손톱 세워
심장에 길을 내기도 하는
향 짙은 성희(性戲)
- 이길원의 〈음악은〉 전문 -

음악을 성희(性戲)에 비유한 짧은 시다. 비유가 지나치다고 할 수도 있다. 음악이 〈깊은 감동을 준다〉든가 또는 〈아름답다〉는 등의 상투적 표현 대신 이렇게 은유적 표현을 보면 어떤 느낌이 오나. 〈긴 손톱 세워 심장에 길을 내기도 하는〉 이라는 글로 음악이 깊숙이 가슴에 파고드는 것을 표현했다.

또 보자. 예문 3의 경우와 흡사하나 공감을 주는 좋은 시를 보자.

무뇌아를 낳고 보니 산모는
몸 안에 공장지대가 들어선 느낌이다
젖을 짜면 흘러내리는 허연 폐수와
아이 배꼽에 매달린 비닐 끈들
저 굴뚝들과 나는 간통한 게 분명해!
- 최승호의 〈공장지대〉 중에서 -

공업지역에서 무뇌아를 낳은 사실이 사회 문제가 되었을 무렵 쓴 환경 시다. 몸 안에 공장지대가 들어선 〈느낌〉이라고 표현했지 〈내 몸은 공장이다〉라고 표현하지 않았다. 단어 하나에도 이처럼 상식적 논리에 신경을 써야만 한다. 한 문장 한 문장을 보면 예문 3과 비슷하다 하겠지만 앞뒤 문장의 연계를 보면 예문 2의 범주를 벗어나지 않는다.

4월은 가장 잔인한 달
죽은 땅에서 라일락을 피우며
추억과 욕망을 뒤섞고
봄비로 잠든 뿌리를 깨운다.
겨울은 오히려 따듯했다.
- T.S.엘리어트의 〈황무지〉 중에서 -

모더니즘의 효시라고 할 수 있는 T.S.엘리어트의 〈황무지〉의 첫 연이다. 〈4월은 가장 잔인한 달〉이며 〈겨울이 오히려 따듯했다〉는 표현은 어떠한가.

제5장: 음악성과 리듬

시에도 음악성이

시에도 음악성이 있어야 한다. 40년 전쯤에 이야기이다. 박목월 선생님을 모시고 그분의 생가를 취재한 적이 있었다. 평소 후학들에게 시에 대하여는 엄격하지만 자상하던 선생님은 술좌석에서 이런 이야기를 하셨다. "시와 음악과 그림은 회로가 같아. 시를 좋아하면 음악도 그림도 다 좋아하지. 음악이나 그림을 좋아하는 사람도 마찬가지로 시를 좋아해." 사실이다. 시인치고 음악을 좋아하지 않는 시인이 있던가? 음악성이 있는 시인은 시를 쓸 때도 운율이나 가락에 자연히 리듬을 타게 된다. 그래서 보다 수월하게 읽힌다.

우선 자신이 써 놓은 시를 큰소리로 낭송해 보라. 숨이 막히는 부분이 있다면 리듬이 맞지 않았다는 증거이다. 탁하게 읽힌다거나 발음이 어색해지면 이 역시 언어 선택이 잘못된 경우이다

다시 말해 시를 쓸 때도 음악성, 즉 리듬을 염두에 두고 써야 한다. 읽을 때 마치 노래라도 부르듯 부드럽게, 운율이 맞도록 써야 맛이 난다. 낭송할 때도 막힘이 없도록, 마치 물 흐르듯 유연하게 읽을 수 있도록 써야 한다. 요즈음 산문시가 유행이지만 산문시에도 내재율이 있다.

한국어로 쓴 시만 리듬이 요구되는 것은 아니다. 영시는 특히 더 그렇다. 우리 시가 글자 수로 리듬을 맞춘 음수율(音數律)과 박자로

리듬을 맞춘 음보율(音步律)로 보듯이 영시도 단어의 구성이나 수의 배치로 맞춘다고 보면 된다. 영시의 한 예를 보자.

Like as the waves make towards the pebbled shore,
So do our minutes hasten to their end
Each changing place with that which goes before,
In sequent toil all forwards do contend.

조약돌 깔린 해안을 파도가 달리듯
우리의 시간도 종말을 향해 서둔다
앞에 간 것과 서로의 자리를 바꾸며
꼬리 이여 뒤쫓으며 앞으로만 간다

시간의 흐름을 파도에 비유한 셰익스피어의 소네트 형식인 14행시 중 일부이다. 이 시의 어미를 보라. 1행의 shore와 3행의 before. 2행의 end와 4행의 contend를 보라. 그리고 1행과 3행, 2행과 4행의 글자 수도 비교해 보라. 영시도 이렇게 읽을 때의 리듬을 중요시한다. 영어를 모르는 사람일지라도 이 시를 읽을 때 발음이 주는 유연성과 단어의 배열이 주는 부드러움을 느낄 것이다. 번역도 리듬을 맞추어서 해보았다.

우리의 전통 가락인 시조는 엄격히 자수를 제한해 가며 함축성 있는 표현을 요구했다. 혹자는 요즈음 현대시에 그런 리듬의 규칙이 무슨 필요가 있느냐고 말할지 모른다. 그러나 앞에서도 이야기했듯이 진정 규칙을 파괴할 수 있는 사람은 규칙을 알고 있는 사람임을 명심하기 바란다.

자유시를 쓰기 전에 정형시의 음률을 익혀라

흔히 7.5조니 8.5조, 4.3.4조, 3.3.4.조, 하며 글자 수를 가지고 음률을 맞추는 것이 낡은 듯 보이나 그렇지 않다. 산문시도 마찬가지라 산문시의 긴 문장도 읽을 때 호흡이 막힌다거나 끊김이 있다면 리듬에서 실패했다고 볼 수 있다.

그렇다고 복잡한 시 리듬의 규칙이나 음악적 박자 이론까지 이해해야 할 필요는 없다. 그러나 아주 기본적인 규칙은 알고 있어야 한다. 간혹 요즈음 시를 쓰는 사람 중에서 완전히 리듬을 무시하는 경우를 본다. 그러나 자주 읽히는 좋은 시들을 보면 대부분 시적 리듬에 충실했다. 미당 서정주 선생님의 경우만 보아도 전통 음률(7.5조 또는 3.3.4조 4.3.4조 4.4조)에 충실한 시를 쓴다.

그의 〈동천〉을 예로 보자.

내 마음 속/우리 님의/ 고운 눈썹을
즈믄 밤의/ 꿈으로/맑게 씻어서
하늘에다/옮기어/심어 놨더니

동지선달/나르는/매서운 새가
그걸 알고/시늉하며/비끼어 가네
　　　- 서정주의 〈동천〉 전문 -

　　4.4.5/4.3.5/4.3.5/4.3.5/4.4.5의 전형적인 음수율로 7.5조에 바탕을 두고 있다. 소리 내 읽어보라. 읽는 데 부드러움을 느낄 것이다.
　　김영랑(1903~1950)의 시도 한번 보자. 시조의 영향을 받던 시대이지만 파격적으로 자유시를 쓴 그도 7.5조 또는 4.4조의 변형된 리듬의 혼합형을 사용했다. 리듬의 균형을 잃지 않으면서 파격을 보인 〈모란이 피기까지는〉을 보자.

모란이 / 피기까지는
나는 아직 / 나의 봄을 / 기다리고 / 있을 테요.
모란이 / 뚝뚝 / 떨어져 /버린 날,
나는 비로소 / 봄을 여읜 / 설움에 / 잠길 테요.
오월 어느 날, / 그 하루 / 무덥던 날,
떨어져 누운 / 꽃잎마저 / 시들어 / 버리고는
천지에 / 모란은 / 자취도 / 없어지고,
뻗쳐 오르던 / 내 보람 / 서운케 / 무너졌느니,
모란이/ 지고 말면 / 그뿐,/ 내 한 해는 / 다 가고 말아,
삼백예순 날 / 하냥 섭섭해 / 우옵내다

모란이 / 피기까지는

나는 아직 / 기다리고 / 있을 테요, / 찬란한 / 슬픔의 봄을.

   이 시가 발표될 1934년 당시는 4.4조나 7.5 조에 익숙해 있을 때이니 당시 독자들에게는 커다란 충격을 주었을 것이 분명하다. 그러나 내가 굳이 이 시를 일부러 한 음보씩 〈 / 〉을 그으면서 글자 수를 나누어 본 이유는 이 시도 7.5조나 3.3.4 또는 4.3.4 아니면 4.4 조의 범주를 크게 벗어나질 않았다는 점을 일깨워 주기 위해서이다. 3행의 〈뚝뚝〉도 장음이므로 〈뚜욱뚝〉의 음보로 읽을 수밖에 없다는 점을 간과해야 한다.

   윤동주 시인의 경우도 마치 아기가 숨을 쉬듯 조용히 흐르는 특이한 리듬을 볼 수 있다. 그의 시 중 〈십자가〉를 보자.

     쫓아오던/ 햇빛인데
     지금 교회당/꼭대기
     십자가에/ 걸렸습니다

     첨탑이/저렇게도/높은데
     어떻게/올라갈 수/있을까요
     종소리도/들려오지/ 않는데
     휘파람이나 불며/ 서성이다가

괴로웠던/사나이

행복한/ 예수 그리스도에게처럼

십자가가/허락된다면

모가지를/드리우고

어두워 가는/하늘 밑에

조용히/ 흘리겠습니다

음보율에 충실한 시다. 정형시 못지않게 자수와 박자에 의한 리듬의 정형화를 느낄 수 있다. 이렇게 시에 대한 우리의 리듬은 시조의 가락에서부터 찾아야 한다. 긴 산문시도 4.4 조나 7.5조 또는 3.3.4조로 마치 시조라도 쓰듯 자수나 박자를 맞춘다면 막힘없이 읽히는 시를 쓸 수 있다. 시를 쓸 때 그 의미의 전달도 중요하지만 읽힐 때의 운율도 생각해야 한다. 이를 생각하며 다음 시도 읽어보자.

어지간히 구성진

노래 끝에도

눈물 나지 /않던 것이

문득 머언 /그림자에

눈물 저 /울 줄이야.

사람들아

사람들아.

우리 마음 그림자는,

드디어

마음에도

등을 넘어 /내려오는

눈물이 /아니란 말인가.

　　- 박재삼의〈바람 그림자를〉일부 -

　대부분 잘 읽히는 시들의 경우를 보면 이렇게 우리 시조의 가락을 그대로 유지했다. 다만 7.5조 4.4조 3.3.4조를 일정하게 유지하기보다는 필요에 따라 위의 박재삼 시인의 경우처럼 때로는 7.5조였다가, 4.4조 3.3.4조를 넘나들며 자유롭게 구사했다. 요즘 유행처럼 번지는 산문시도 마찬가지이다. 다음 인용된 산문시를 소리 내 읽어 보라. 막히는 부분이 있는가.

　치마 자락처럼 /늘어진 /고향 선선. 사촌형수는 /그 가슴에 /선산을/ 안고 살았다. 추석이면 /나는 늘 /그 발치에 사는 /사촌 형수 /집에 들렀다. 그때마다 /사촌 형수는 /청국장을/ 끓여 주었다. 고향을 /떠나 온 후 /삼십 여년. 추석이면 /사촌형수/ 집에서 /청국장을/ 먹었다. 그래서 /그런지/ 추석이면/나

는 얼굴도 /모르는/조상 보다 /그 청국장 맛이 /더 생각났다

눈송이가 /유난히 굵던 /작년 겨울
사촌 형수가 /눈 속에 /묻혔다

봄이 가고/ 또 추석이 왔다. 성묘를/ 마치고/ 떠날 때, 조카가/말 했다. "점심 드시고/ 가셔야죠." 우물우물 /주저앉은 /밥상엔/ 청국장. /조카는 /이야기했다. /"어머니가 / 그려 섰어요. /서울 도련님/ 청국장 /좋아 한다. 이번 추석에 /오거든 /청국장 /잊지마라. 그래서 /아저씨/ 기다렸지요." 선산의 /허리춤에 /묻힌 사촌형수는 /아직도 /청국장을/ 끓이며 /나를 기다리고 /계셨다.

- 이길원의 〈사촌형수〉 전문 -

산문시에도 이처럼 리듬이 살아야 한다. 긴 산문시이지만 리듬은 흐트러지지 않았다는 점에 유의해야 한다.

시행과 운율

 시행 역시 운율과 밀접한 관계가 있다. 보통 시행을 〈운율적으로 짜인 줄〉이라고 말할 정도이다. 특히 우리나라의 자유시나 산문시에는 시행이 운율과 더불어 이미지나 의미와도 깊은 관련이 있다.

시를 쓰는데 낱말이나 표현에도 세심한 주의를 기울여야 하지만 그보다 행을 어떻게 가르고 몇 행을 모아 1연을 구성할 것인가 하는 점에도 큰 노력을 기울여야 한다.

　사실 시를 쓰는 데 이런 점이 큰 과제이다. 1행을 한 문장으로 할 것인가 아니면 2행을 한 문장으로 하느냐 아니면 3행 혹은 4행이냐 5행이냐에 따라 리듬이 달라지기 때문이다. 또 한 행을 체언으로 끝나게 할 것인가 부사형이나 접속형으로 끝나게 할 것이냐 하는 문제도 고심할 수밖에 없다.

　예를 보자.

　　내가 그의 /이름을 /불러주기 /전에는
　　그는 다만/
　　하나의 /몸짓에/ 지나지 않았다.
　　내가 그의/ 이름을 /불러 주었을 때
　　그는 나에게로 와서
　　꽃이 되었다.

　　내가 그의 /이름을/ 불러 준 것처럼
　　나의 이 빛깔과/ 향기에 /알맞은
　　누가 나의 /이름을/ 불러다오.
　　그에게로/ 가서 나도

그의 꽃이 /되고 싶다.

　　　우리는 모두
　　　무엇이 /되고 싶다.
　　　너는 나에게 /나는 너에게
　　　잊혀지지 않는 /하나의 /눈짓이/ 되고 싶다
　　　　　- 김춘수의 꽃 전문 -

　김춘수의 꽃 이란 시는 이미 여러분도 잘 알고 있는 시이다. 대표적 서정시로 분류되는 이 시도 4.3.4.3조로 시작해 7.5조 3.3.4.3.5를 유지하고 있다. 마치 시조를 풀어놓은 듯 보인다. 행도 3행 2연, 5행 2연으로 나누었다. 물론 시인 스스로 리듬을 생각하고 자수를 맞춘 것인지 아닌지는 모르겠으나 3행 2연 5행 2연으로 묶여 있다. 이처럼 시는 시를 읽을 때 구성진 노래라도 듣듯 정겨워야 한다.
　그렇다고 정형시의 행 구분처럼 틀에 맞추어 넣거나 기계적인 구분을 하라는 말은 아니다. 행 구분에서도 변화를 일으키고 정형시의 틀에서도 변조를 일으켜 생기를 돋우도록 해야 한다. 같은 내용의 표현이지만 행 구분을 어떻게 하느냐에 따라 독자에게 주는 효과를 배가시킬 수 있다. 예를 하나 보자.

　　　그립다 말을 할까 하니 그리워

그냥 갈까 그래도 다시 더 한번

김소월의 〈가는 길〉 1연과 2연을 붙여 보았다. 실제의 이별 갈등이나 현장감이 떨어지고 맥이 없다. 원본대로 행 구분을 해 보면 그 이유를 알 수 있다.

그립다
말을 할까
하니 그리워

그냥 갈까
그래도
다시 더 한 번…

이처럼 1행을 3행으로 나누어 1연으로 만들어 보았다. 7.5조이기는 하나 7.5조의 1행과 7.5조의 3행과는 엄청난 차이가 난다. 7.5조의 3음보 격을 1행으로 처리하는 것은 틀에 맞추는 기계적 처리이므로 완전히 감정을 죽이고 만다. 왜냐하면 7.5조의 3음보 격을 1행으로 배열해 놓고 읽어보면 리듬의 속도가 그만큼 빨라져 실제로 사랑하는 임과의 이별이라는 심리적 갈등과 감정의 기복이 그 속도에 죽어 버리기 때문이다. 이처럼 리듬이 시의 행을 구분하는 요인임은 틀림없다. 다시 말하면 음의 수나 박자를 함께 고려했을 뿐만 아니라 이미지의 단락을 나눈 셈이다.

시인 문덕수(文德守) 선생님은 "리듬이 단지 형식적이며 기계적인 음수나 음보의 단위가 아니라 그것이 그대로 감정 또는 시상의 표현"이라고 이야기했다. 다시 말해서 "시에 있어서 리듬이나 음악의 요소는 그 자체 떨어져 있는 것이 아니라 감정과 사상에 밀착되어 있다"는 점이다.

김춘수(金春洙) 시인은 시의 행을 **"의미의 한 단위 또는 이미지의 한 단락"**이라고 말한 바 있다. 행이 의미의 한 단위라는 것은 앞에서 예로 본 소월의 시에서도 나타났다. 의미의 한 단위라고 하더라도 리듬과 밀착되어 있고 그런 경우에는 리듬의 한 단위가 곧 의미의 한 단위라고 할 수 있다.

리듬을 의식하지 않는 것처럼 보이는 현대의 자유시에 와서는 오히려 "의미의 한 단위" 또는 "이미지의 한 단락"이라는 쪽에 더 치중해 행을 가르고 있다. 그러므로 시를 쓸 때도 글자 수를 어떻게 배열하고 어디쯤에서 행을 가르고 어느 대목에서 이미지나 의미를 구분하느냐가 상당히 중요하다. 사실 이 과정이 시 쓰기의 상당 부분을 차지하고 있음을 명심하기 바란다.

그렇다고 규칙에 얽매이지 말라

자유시를 쓰기 전에 우리의 시조인 정형시부터 먼저 써 보는 과정을 밟는 것이 좋다. 시조 시인이 되라는 말이 아니다. 시조가 가지고 있는 정형적 구조를 익혀 형식적 규제를 터득하는 것이 곧, 자유시의 전체적 토대가 된다는 것을 강조하고 싶다.

언급한 대로 행수를 미리 정해 놓고 자수율, 즉 7.5조니 4.4조 8.5조를 지키면서 시를 써 보는 훈련이 필요하다. 가령 4.4조 4행시, 7.5조 10행시, 8.5조 5행시, 또는 서양의 소네트 형식인 14행시 같은 것을 써 보는 것이 형식의 훈련에 도움이 될 것이다.

음수의 제한과 리듬의 제한에 들어가 봄으로써 사상과 감정과 리듬의 조화, 사상 및 감정이 리듬에 미치는 영향, 반대로 리듬이 사상과 감정에 미치는 영향을 구조적으로 터득할 수 있다.

그렇게 함으로써 압축과 생략의 묘미를 터득하게 된다. 압축과 생략은 산문과는 다른 시의 본질적인 부분이다. 이런 면은 은유나 상징과 같은 비유에서도 가능하지만, 율격에서 받는 형식적인 통제에서도 가능하다.

아무리 사상과 감정이 풍부하더라도 리듬을 지키려고 하면 부득이 리듬에 제한을 받기 때문에 필요 없는 부분은 배제되고 필요한 부분들은 압축 또는 요약되기 마련이다. 즉, 운율의 묘미를 체험함으로써 비로소 그다음 단계인 자유시를 효과적으로 쓸 수 있다.

자유시를 쓰다 보면 자유시도 완전히 자유롭지 않다는 것을 알게 될 것이다. 행을 나누고, 나눈 행을 모아서 연을 만드는 형식적 구속이 따르는 것이고, 그 때 내재율의 적절한 조화도 요구된다. 자유시라고 해서 리듬에 완전히 자유로운 것은 아님을 명심하기 바란다.

그렇다고 글자의 수나 박자 등에 얽매여 지나치게 리듬에 구애받을 필요는 없다. 이런 규칙을 알고 흐름에 맞추면 되지 리듬에 얽매여 좋은 시상을 버리지 않아야 한다. 규칙을 알고 있어야만 과감히 규칙을 깰 수도 있다. 시는 형식적 구속과 그것에 저항하는 정신과의 갈등에서 창작되는 것이기 때문이다.

제6장: 첫 줄은 어떻게 쓰나

시의 성패는 첫줄에 있다

　사실 시 쓰기의 기본을 배우기가 쉽지 않다. 그러나 좋은 시를 쓰는 시인이 되기 위해서는 시 쓰기 공부는 필수적이다. 마치 피아니스트가 아름다운 곡을 연주하기 위하여 바이엘, 체르니를 거쳐 소나타 등을 열심히 연습한 끝에 우리에게 아름다운 곡을 들려주는 것과 마찬가지이다. 연습 없이 피아노를 치는 사람의 소리를 상상해 보라. 시도 마찬가지이다. 지루하지만 기초를 익히는 것이 좋다.

　때로는 지루한 나머지 포기하고 싶을 때도 있을 것이다. 그러나 과정을 하나하나 쌓아가면서 공부를 하다 보면 의외로 시의 참맛에 빠지는 황홀감을 맛볼 수 있다. 연습을 많이 한 피아니스트가 자신의 연주에 황홀해하듯 말이다.

　시에서 첫 줄은 아주 중요하다. 첫 줄을 어떻게 쓰느냐에 따라 대부분 그 시의 성패가 좌우되는 경우가 많다. 글을 읽을 때 첫 줄이 마음에 들면 자연스럽게 그 글을 읽게 되지만, 첫 줄이 지루하거나 도식적이거나 군더더기가 많으면 쉽게 읽지 않게 된다. 시인들의 작품을 읽다 보면 의외로 첫 행과 첫 연이 구별되지 않을 정도로 긴 문장이 많은데 잘잘못을 따지기 전에 우선 깔끔한 맛이 없다.

산문도 그런데, 시에 대해 무엇을 말하겠는가. 시를 좀 쓴다는 시인들도 쓰려는 내용을 구상해 놓고도 첫 줄을 어떻게 쓸 것인가에 더욱 고심한다. 사실 시에서 첫 줄의 시작이 좋으면 중간도 끝도 다 괜찮게 완성되니 첫 줄을 잘 살려 내는 것이 성공의 열쇠인 셈이다.

첫 줄을 어떻게 시작해야 좋을지에 대한 원리나 방식, 혹은 어떤 표준이 있으면 좋겠는데, 사실 그런 기준은 딱히 존재하지 않는다. 시인 각자의 기질이나 체질에 맞게 써야 하는데 그게 쉬운 일이 아니다. 첫 줄만 잘 써지면 그다음부터는 대체로 거미가 줄을 뽑으며 집을 짓듯 술술 잘 써지게 되지만 반대로 아무리 착상이 좋아도 첫 줄이 잘 안되면 영 이야기를 못 풀어나가게 된다. 다음 예를 함께 보자.

풀잎이 휘도록 달 밝은 밤이면
꽃밭에 나아가 풀 향기 보듬으리
라일락 꽃향기 달빛에 부서지면
그 향기 모아모아 가슴에 수놓으리.
사랑이란 달빛 아래 어른대는 꽃 그림자
꽃향기 달빛에 부서져 날리듯
이 마음 부서져도 나 그대 사랑하리
 - 이길원의 〈꽃 그림자〉 -

위의 시는 〈사랑이란 달빛 아래 어른대는 꽃 그림자〉처럼 실체도 없고 달빛이 지고 나면 아무것도 남지 않는 허무한 사랑만을 노래한 것은 아니다. 사랑을 주제로 한 이 시에서 첫 줄을 〈풀잎이 휘도록 달 밝은 밤이면〉으로 시작했다. 사랑을 〈달빛 받은 꽃 그림자〉에 불과 하다는 것을 표현하고 싶어서이다. 여기서 사랑은 허무하다와 같은 관념어를 사용했다면, 우리에게 아무런 느낌을 주지 못했을 것이다.

첫 줄에 접근하는 방법을 크게 세 가지 방법으로 구분해 보겠다.

방법 1〉 이야기하고자 하는 사물이나 상황을 직접 설정한다.
방법 2〉 주제가 되는 글귀나 포괄하는 말을 상징적으로 표현한다.
방법 3〉 표현하고자 하는 비유, 즉 오브제를 강렬한 단문으로 시사한다.

무엇보다도 중요한 것은 첫 줄을 짧은 단문으로 시작해야 한다는 점이다. 그래야 다음 줄로 이어 읽어 가게 된다. 되도록 짧고 적절하게 표현할 수 있는 어휘를 찾으면 반은 성공한 셈이다.

어느 방법이 더 좋은지는 전적으로 쓰는 사람의 기호에 달려있다. 여기서 어느 것이 바른 표현법이란 논쟁은 의미가 없으며, 단지 어떤 방법으로 첫 줄을 시작했느냐를 말하는 것이다. 예를 보자.

골 목

골목은
흔들리는 목선(木船)이다
집들은 한쪽으로 기울어지고
빠져나가지 못한 매운바람은
미친듯 회오리치다가
그대로 나자빠진다.

- 문덕수의 〈골목〉전반부 -

〈골목〉이란 제목에 첫 줄을 〈흔들리는 목선이다.〉라고 시작했다. 첫 줄을 대하는 사람은 누구나 필자가 왜 골목을 흔들리는 목선이라 했을까 하고 생각하면서 다음을 읽게 된다. 그러면 자연히 첫 줄이 독자를 끌어들이고, 다음 문장을 통해 앞 문장의 의미를 형상화하게 된다.

여기서 중요한 것은 가능한 한 첫 줄을 아주 짧은 단문으로 시작하라는 것이다. 지루하게 첫 줄을 끌고 가지 말고 간결하게 의미를 되새기게 하며, 하고 싶은 말을 은유나 상징으로 표현하는 것이 비결이라면 비결인 셈이다.

서정주의 〈자화상〉이란 시를 예문으로 들어 보겠다. 시인들의 영원한 스승인 서정주 선생이 돌아가셨을 때 상가(喪家)에는 많은 시인이 문상을 왔었다. 몇몇 시인들이 둘러 앉아 선생의 일화를 이야기 하는 중, 문덕수 시인이 이런 이야기를 했다. "우리가 서정주와 한 생애를 같이 살았다는 것은 참으로 영광이다. 그러나 서정주로 인하여 우리는 모두 이인자다."

아무도 반박하지 않았다. 당대에 날리던 많은 시인이 모두 인정한 셈이다. 시인들은 모두 제 잘난 맛에 산다. 자신의 시가 최고라고 생각한다. 그래도 서정주가 일인자라고 공인한 것이다. 단언컨대 한국 시인치고 서정주의 영향을 받지 않은 시인은 없을 정도로 그는 우리의 영원한 스승이다. 나는 1,000여 편의 그의 시 전부를 통독하기도 했다. 20대의 서정주는 이런 시를 썼다.

> 애비는 종이었다. 밤이 깊어도 오지 않았다.
> 파뿌리 같이 늙은 할머니와 대추 꽃이 한 주 서 있을 뿐이었다.
> 어매는 달을 두고 풋살구가 꼭 하나만 먹고 싶다고 하였으나…
> 흙으로 바람벽 한 호롱불 밑에
> 손톱이 까만 에미의 아들.
> 갑오년이라든가 바다에 나가서는 돌아오지 않는다하는 외할아
> 버지의 숱 많은 머리털과
> 그 커다란 눈이 나는 닮았다 한다.
>
> 스물 세 해 동안 나를 키운 건 팔할이 바람이다.

세상은 가도가도 부끄럽기만 하드라
어떤 이는 내 눈에서 죄인을 읽고 가고
어떤 이는 내 입에서 천치를 읽고 가나
나는 아무것도 뉘우치지 않으란다.

찬란히 틔워 오는 어느 아침에도
이마 위에 얹힌 시의 이슬에는
몇 방울의 피가 언제나 섞여 있어
볕이거나 그늘이거나 혓바닥 늘어뜨린
병든 수캐마냥 헐떡거리며 나는 왔다.
  - 서정주의 〈자화상〉 전문 -

  이 시를 처음 읽었을 때는 나도 20대였다. 〈애비는 종이였다〉는 첫 연에서 나는 그만 놀라고 말았다. 대부분 감추고 싶어하는 가족의 부끄러운 면까지 이렇게 처연하게 드러내 놓고 써야 한다면 나는 시인이 될 수 없다고 생각했다. 내가 시인으로서 그것을 제대로 이해하는 데 10년이 더 걸렸다. 〈이마에 얹힌 시의 이슬에는/몇 방울의 피가 언제나 섞여 있어〉라는 문구는 지금 읽어도 소름이 돋는다. 어떻게 이런 은유적 표현을 할 수 있을까. 그래서 서정주다. 서정주의 시는 리듬에서도 거의 완벽하여 자유시에도 리듬이 살아 있다. 현대시도 시적 리듬은 아주 중요하다. 아무리 산문시라도 소리 내 읽을 때, 마치 음악을 듣듯 순조롭게 흘러야 한다. 그런 리듬이 있어야 좋은 시라 할 수 있다. 김현승의 〈플라타너스〉라는 시를 소개해 본다.

꿈을 아느냐 네게 물으면
플라타너스
너의 머리는 어느덧 파아란 하늘에 젖어 있다

너는 사모할 줄을 모르나
플라타너스
너는 네게 있는 것으로 그늘을 늘인다

- 김현승의 〈플라타너스〉 전반부 -

〈플라타너스〉라는 제목의 시 첫 줄이 〈꿈을 아느냐 네게 물으면〉이다. 플라타너스를 의인화한 첫 줄의 형상화 작업은 다음 줄로 이어진다. 〈머리는 어느덧 파아란 하늘에 젖는〉다는 표현으로 바로 첫 줄에 대한 형상화 작업임을 알 수 있다. 즉 첫 줄을 주제가 되는 의미나 이를 포괄하는 말로 시작하면 그 다음 줄에서는 그 의미를 형상화하면서 시 쓰는 이의 의도대로 이야기를 풀어갈 수 있다.

〈방법 3〉처럼 표현하고자 하는 비유, 즉 오브제를 강렬한 단문으로 표현하는 방법 역시 흔히 시인들이 사용하는 전형적인 방법이다. 유치환의 〈바위〉라는 시를 보자.

바위

내 죽으면 한 개의 바위가 되리라 ·········· (첫 줄)
아예 애련에 물들지 않고················(둘째 줄)
희로에 움직이지 않고··················(셋째 줄)
비와 바람에 깎이는 대로················(넷째 줄)
억년 비정의 함묵에···················(다섯째 줄)
안으로 안으로 채직질하여 ············(여섯째 줄)
드디어 생명도 망각하고 ··············(일곱째 줄)
흐르는 구름 ························(여덟째 줄)
머언 원뢰 ·························(아홉째 줄)
꿈꾸어도 노래하지 않고 ················(열째 줄)
두 쪽으로 깨뜨려도····················(열한째 줄)
소리하지 않는 바위가 되리라 ············· (끝 줄)

- 유치환의 〈바위〉 전문 -

첫 줄을 〈내 죽으면 한 개의 바위가 되리라〉라고 주제가 되는 말로 시작하고는 그다음 둘째 줄부터 열한째 줄까지 바로 첫 줄의 주제가 되는 〈바위〉를 형상화하는 작업이 전부이다. 이렇게 첫 줄을 형상화하는 작업이 계속되면서 점차 첫 줄의 속뜻이 자리 잡힌다.

이런 식으로 이야기하고자 하는 의미를 형상화하는 작업을 연습하면 큰 도움이 될 것이다.

이영식 시인의 〈소금의 시학〉을 예문으로 소개해 본다.

소금꽃이 피었다
곰소염전 개펄에 모인 바닷물
곤히 잠들었던 소금을 깨우는 것은
햇볕과 바람 그리고 염천에
땀 흘린 염부의 노역과 기다림이다

소금 한 줌 속에 졸아있는
열 말의 바닷물을 생각해 본다
올곧게 품었던 마음자리에서
묵히고 삭여 간수 쪽 뺀 순백의 언어
천일염처럼 깊은 맛 우러나는
시 한 편 쓰고 싶다

시도 소금도 참 눈물겹다
햇볕과 바람이 소금을 내듯
지지한 삶에 간 맞춰주는
절정의 시 한 편

당신에게 읽어주고 싶다
바다와 해와 바람을 떠먹이고 싶다
- 이영식의 〈소금의 시학〉 전문 -

첫 줄을 〈소금 꽃이 피었다〉라고 했다. 이 시를 읽는 독자는 무슨 말을 하려고 하나 의아해할 것이다. 그리곤 시인은 소금이 생성되는 과정을 자세히 기술하고 있다. 중요한 것은 이 시에서 〈소금〉은 단지 오브제에 불과하다는 것이다. 〈햇볕과 바람 그리고 염천에 땀 흘린 염부의 노역과 기다림〉이라든가 〈소금 한 줌 속에 졸아 있는 열 말의 바닷물〉이라든가 〈묵히고 삭여 간수 쪽 뺀 천일염처럼 깊은 맛 우러나는〉 등과 같은 소금 이야기를 하며 소금과 같은 〈시 한 편 쓰고 싶다〉고 표현했다. 그리고 〈햇빛과 바람이 소금을 내듯〉 시 또한 〈지지한 삶에 간 맞춰 주는 절정의 시 한 편〉이라고 표현한다. 결국, 작자는 소금을 노래한 것이 아니라 소금을 오브제로 사용한 것이다. 다시 말해 시인은 표현하고자 하는 의미를 담기 위해 형용사로 소금을 차용한 것이다. 이래야 시가 강렬하고 감칠맛이 난다. 독자들은 첫 연을 왜 〈소금 꽃이 피었다〉라고 시작했는지 눈치챌 것이다.

또 하나 예를 보자.

사랑하라.

긴 여행길에 오른 당신의 삶을

비바람 태풍에 끄떡없는 집을 짓는 까치도
제 몸 보다 수백 배 큰 집을 짓는 개미도
기도하듯 만든 집에서
새끼 낳고 키우며
사랑 하나로 버티거늘
우리 삶에 사랑이 없다면
궁궐인들 무슨 의미가 있으랴

사막을 걷는 낙타의 오아시스 같은 집
일을 마치고 해거름 돌아와
하루를 감사해 하며
내일이면 다시는 못할 것처럼
사랑하는 사람과 함께 웃고
철없는 아이처럼 뛰며
살아 있음을 마음껏 즐거워하라
이는 집에 대한 당신의 예의.

여행이 끝나는 날. 마지막 휴식처
가장 편안한 무덤의 문을 열 때까지

- 이길원의 〈집에 대한 예의〉 전문 -

헤비닷트라는 가난한 사람들을 위해 집을 지어 주는 세계적 조직이 있다. 언젠가 이 단체에서 시인들도 집짓기에 참여해달라는 요청이 있었다. 못 질도 제대로 못 하는 우리가 뭘 하느냐 했더니 시인들이 참여했다는 데에 큰 상징적 의미가 있다고 한다. 그리곤 집에 대한 시를 써서 그날 저녁 행사에 낭송해 달라고 했다. 우리는 집짓기에 참여하기로 하고 〈집〉에 대한 시를 어찌 쓸까 고민했다. 그러다가 오랜 시간 고민 끝에 사랑을 주제로 하기로 했다. 마감 전날에야 겨우 착상했다. 우리는 삶에서 집이 어떤 의미를 가지며 그곳에서 어떻게 살아야 하는지를 질문했다. 그 답은 바로 사랑이다. 집에 살면서 사랑하라는 이야기를 풀어가면 되겠구나 하고 결론을 냈다.

그리곤 첫 줄을 〈사랑하라. 긴 여행길에 오른 당신의 삶을〉 이렇게 시작하니 사랑이라는 흔한 용어의 식상함이 그런대로 가려진 듯싶은 데다가 다음 이야기를 전개하기가 쉬워졌다. 그다음은 집에 관한 이야기를 슬슬 풀어가니 쉽게 한 편의 시가 만들어졌다. 살면서 사랑하면서 한평생 살아가라는 교조적 시가 된다. 다시 말에 어떻게 비유하고 어떤 오브제를 설정할 것인가가 시 쓰기의 핵심인 셈이다.

이처럼 첫 줄이 시의 실마리인 셈이다. 마치 붓글씨를 쓸 때 굵게 쓰기 시작하느냐 가늘게 쓰기 시작하느냐에 따라 글씨 전체가 다르듯이 시도 어떻게 시작하느냐에 따라 굵은 선이 나오기도 하고 여린 선이 나오기도 한다. 더 자세히 논할 수 있겠지만 습작기에 있는 사람들은 위에 이야기한 세 가지 방법으로 첫 줄에 접근해 보라. 첫 번째 방법보다는 두 번째 방법으로 연습을 더 많이 하고, 두 번째 방법보다는 세 번째 방법으로 연습해 보라. 감칠맛 나게 첫 줄에 접근할 수 있을 것이다.

  어쩌면 시인들은 첫 줄 쓰는 맛에 시를 쓰는지도 모른다. 첫 줄에 제맛이 날 수 있도록 연습하길 바란다. 아무리 해도 잘 안된다고 불평하지 마라. 대부분의 시인들도 바로 그 점을 고심하고 있다.

제7장: 제목 붙이기

제목 붙이기

   시는 제목을 어떻게 붙이느냐에 따라 시의 맛이 달라진다. 시깨나 쓴다는 사람들은 제목을 붙이는 데 상당히 고심한다. 제목이 마음에 들지 않으면 발표를 미루기도 한다. 〈무제〉라는 제목은 난센스다. 철학이 없다는 말이고 말장난이나 했다는 말이다. 다시 말해서 빚어 놓은 항아리가 아무 것도 담지 않은 빈 항아리라는 뜻이다. 잘 읽히는 시를 보면 제목 또한 일품이다.

     풀이 눕는다
     비를 몰아오는 동풍에 나부껴
     풀은 눕고
     드디어 울었다
     날이 흐려서 더 울다가
     다시 누웠다
     풀이 눕는다
     바람보다도 빨리 눕는다
     바람보다 더 빨리 울고
     바람보다 먼저 일어난다

날이 흐리고 풀이 눕는다

발목까지

발밑까지 눕는다

바람보다 늦게 누워도

바람보다 먼저 일어나고

바람보다 늦게 울어도

바람보다 먼저 웃는다

날이 흐리고 풀뿌리가 눕는다.

- 김수영의 〈풀〉 중에서 -

담담한 표현이지만 의미는 얼마나 강렬한가. 군사 정권이 나라를 지배하고 있을 때의 시다. 여기에서의 〈풀〉은 민중을 의미하며, 〈바람〉은 독재 정권을 상징하고 있다. 이렇게 서술적 표현만으로도 강렬한 내면세계를 보여 주는 시는 이미 상단한 수준의 작품이다. 여기 어려운 말이나 이해하기 난삽한 문장이 있나 찾아보라. 논리에 어긋나는 부분이 있나 눈여겨보라. 제목은 〈풀〉이다

지하철 타고 버스 타고 엘리베이터

자판기 커피 마시고

전화 받다 구내식당

서류 뒤적이다 소주 마시고 지하철

오늘도 바람은 부는데
이웃집 김대리가
결이 곱던 은행의 김대리가
교통사고로 이승을 빠져 나갔단다.
- 이길원의 〈두더지〉 전문 -

 현대인의 생활을 담담하게 나열했다. 현대인의 나약한 삶과 허무, 그리고 산다는 것이, 살아 있다는 것이 얼마나 허망한 것인가를 그 속에 숨기고 있다. 이처럼 시에는 그 나름의 생각을 담지 않으면 시의 효과가 떨어진다. 평면적인 표현이지만 눈에 보이는 것을 통해 눈에 보이지 않는 것을 표현한 것이다. 제목이 〈두더지〉라는 데 주의해 보라. 다른 한 편의 시를 보자

봤을까?
날 알아봤을까?
- 유안진의 〈옛날 애인〉 전문 -

 단 2행의 이 시도 시인들의 입가에 미소를 띠게 하는 절창이다. 길에서 우연히 마주친 옛 애인 그도 나처럼 〈보았을까? 알아봤을까?〉 위트와 유머가 넘치는 시이다. 제목이 〈옛날 애인〉이다. 시는

이렇듯 행간에서 의미가 숨겨져 있어야 제맛이다.

    외박한 사내가
    진 죄 많을수록
    와서는 냅다 큰소리 한 번 내지르고
    속 켕기는지 잠잠해진다.
        - 강우식의 〈파도〉전문 -

  시인들이 시집을 내면 대부분 내게 보내 준다. 최근 강우식 시인이 시집을 출간했을 때, 이 시를 읽고 웃으며, "네 경험담이구나." 라고 했다. 이 시도 제목이 〈파도〉이기에 제격이다.

제8장: 시에서 〈말 하는 이〉

시에 따라 말하는 이가 달라야 맛도 난다

　대부분 시를 공부하는 사람들이 "시에서 말하는 이가 곧 시인 자신"이라고 생각한다. 가끔 독자들이 시를 읽으면서 "이 시의 작자는 여성일 것이라 생각했는데 알고 보니 남자였다."라면서 놀라는 경우가 있다. 사실 어떤 각도나 입장에서 말하든 시에서의 한 말은 바로 시인 자신의 말임은 틀림없다. 그런데 말하는 이가 따로 있을까? 하고 의문을 품을 수 있을 것이다. 그러나 시에 쓰인 말들을 곰곰이 분석해 보면 작자와 말하는 이가 다름을 알 수 있다.
　사실 시인들이 시를 쓸 때 말하는 이를 자기 자신으로 하지 않고 따로 세워, 표현하고자 하는 정서와 관념을 더욱 적절히 드러내는 경우를 흔히 본다. 양왕용의 〈도회의 아이들 8〉이란 시 한 편을 예로 들겠다. 시인은 말하는 이로 어린이를 내세워 문명에 밀려 사라져 가는 자연에 대한 아쉬움을 다음과 같이 표현했다.

　　　개나리가 보고 싶어
　　　할머니
　　　병아리떼 물어낸
　　　개나리가 보고 싶어
　　　봄이

어떻게 생겼는지

잘도 찾아낸

그 병아리는

닭장에서 나오지 않고

왜

그림책 속에만 갇혀있지

할머니

봄비도 보고 싶어

… 중략 …

그런데, 할머니

오늘도 보이지 않아

저녁때마다

테레비젼 화면에는

잘도 보이는데

나비도 병아리도

개나리도 보이지 않아

할머니

- 양왕용의 〈도회의 아이들〉 중에서 -

이 시에서 말하는 이는 어린이이지만 양왕용 자신이 결코 어린이는 아니다. 어린이를 말하는 이로 세웠기 때문에 문명에서 밀려난 자연을 찾고자 하는 순수한 마음이 잘 나타내고 있다. 세파에 찌든 어른의 눈으로 보는 것이 아니라 때 묻지 않은 순진한 어린이의 눈으로 표현했기 때문에 이야기하고자 하는 의도를 호소력 있게 표현했다고 볼 수 있다.

이처럼 정서와 관념을 상황에 맞게 표현하는 훈련과 연습이 잘 이루어지면 때때로 나이를 높이기도 하고 낮추기도 하면서 더 큰 호소력을 가지게 된다. 흔히 시인들이 말하는 이로 자신과 다른 성별로 바꾸어 표현하는 경우를 볼 수 있다. 어떻게 할 것인지는 표현하고자 하는 시에 따라 잘 판단하여 사용해야 한다.

말하는 이는 어떻게 세우나

이번에는 시인들이 때때로 처지를 바꾸어 가며 흔히 사용하는 방법을 보자. 이 경우 시인들은 대체로 다음과 같이 3가지 방법을 주로 사용한다.

첫째, 나이를 높이거나 낮춘다
둘째, 남녀의 위치를 바꾼다
셋째. 어떤 사물이나 제삼자를 말하는 이로 만든다.

양왕용의 〈도회의 아이들〉 같은 시가 바로 나이를 낮춘 경우이다. 노인 문제를 이야기하려 할 때는 말하는 이를 노인으로 내세울 수도 있다. 이때 흔히 〈나는 …〉이라는 말로 시작했다 하여 〈작자가 스스로가 정말 노인인가 보다.〉라고 착각하지 말고 시에 담긴 의미를 곰곰이 생각해야 한다.

　이번에는 남녀의 위치를 바꾸어 표현한 예를 보자. 만남의 간절한 사연을 노래한 것들이 대체로 여성적이다. "임"을 간절히 그리는 대상으로 삼기에는 그래도 여인의 음성이 남성의 투박한 말보다 가슴을 더 파고든다고 보는 경우다. 한용운의 〈꽃 싸움〉을 예로 보자.

　　당신은 두견화를 심으실 때에
　　〈꽃이 피거든 꽃싸움하자.〉고
　　나에게 말하였습니다.
　　꽃은 피어서 시들어가는데
　　당신은 옛 맹세를 잊으시고
　　아니 오십니까.

　　나는 한 손에 붉은 꽃 수염을 가지고
　　한 손에 흰 꽃 수염을 가지고
　　꽃 싸움을 하여서
　　이기는 것은 당신이라고 하고
　　지는 것은 내가 됩니다.

그러나 정말로 당신을 만나서
꽃 싸움을 하게 되면
나는 붉은 꽃 수염을 가지고
당신은 흰 꽃 수염을 가지게 합니다
그러면 당신은 나에게 번번히 지십니다

그것은 내가 이기기를 좋아하는 것이 아니라
당신이 나에게 지기를 기뻐하는 까닭입니다
번번이 이긴 나는
당신에게 우승의 상을 달라고 조르겠습니다
그러면 당신은 빙긋이 웃으며
나의 뺨에 입 맞추겠습니다

꽃은 피어서 시들어 가는데
당신은 옛 맹세를 잊으시고
아니 오십니까.
  - 한용운의 〈꽃 싸움〉 전문 -

당신은
해당화가 피기 전에
오신다고 하였습니다.

봄은 벌써 늦었습니다
봄이 오기 전에는
어서 오기를 바랐더니
봄이 오고 보니
너무 일찍 왔나
두려워합니다.

철모르는 아이들은
뒷동산에 해당화가 피었다고
다투어 말하기로
듣고도 못들은 체 하였더니
야속한 봄바람은
나는 꽃을 불어서
경대 위에 놓입니다 그려
시름없이 꽃을 주워서
입술에 대고
〈너는 언제 피었니.〉 하고 물었습니다
꽃은 말도 없이
나의 눈물에 비쳐서
둘도 되고 셋도 됩니다.

- 한용운의 〈해당화〉 전문 -

남들은 님을 생각한다지만
나는 님을 잊고저 하여요
잊고저 할수록 생각나게 하기로
행여 잊힐까 하고 생각하여 보았습니다.

잊으려면 생각나고
생각하면 잊히지 아니하니
잊도 말고 생각도 말아 볼까요
그러나 그리도 아니되고
끊임없는 생각생각에 님뿐인데 어찌하여요
구태여 잊으려면
잊을 수가 없는 것은 아니지만
잠과 죽음뿐이기로
님 두고는 못하여요
아아, 잊히지 않는 생각보다
잊고저 하는 생각이 더 괴롭습니다

- 한용운의 〈나는 잊고저〉 전문 -

위 시의 작자가 한용운이라고 밝혔으니 망정이지 작자의 이름을 밝히지 않았다면 작자는 틀림없이 여성이라고 생각할 것이다. 이렇게 여성의 말로 표현할 때, 임을 그리는 섬세한 감정이 잘 살아

날 수 있다. 이와 같은 표현법을 자주 구사한 시인으로는 한용운, 김소월, 김영랑 외에도 수없이 많다.

사실 어찌 보면 우리의 서정시가 다분히 여성적이다. 어쩌면 섬세하고 감정적인 시심이 여성적이기 때문이 아닌가 생각한다.

한편, 인생의 깊은 의미를 담은 다소 철학적인 시라면 오래 노교수의 음성도 적절하다. 이렇게 자신의 나이를 낮추거나 높이거나 남녀의 위치를 바꾸거나 하면서 표현하고자 하는 의도에 더욱 적합한 표현법을 찾는 것도 시 쓰기의 중요한 방법이다.

이번에는 어떤 사물이나 제삼자를 말하는 이로 삼는 경우를 보자. 필자 자신도 즐겨 사용하는 이 방법은 생물이건 무생물이건 또는 제삼자건 시인 스스로 그 대상 속으로 들어가 그 사물이나 표현하고자 하는 주체의 대상이 되어 말하는 것이다. 구체적인 예를 들겠다.

틀림없어
저 꽃게 놈이 수상하다고
곁눈질이나 하다가
커다란 발 휘두르며 꽁무니 빼더니
틀림없이 모함했다고
내가 이런 지옥에 빠질 리 없어.
뱃속이나 채우던 상어처럼
포악을 부려 보았나

날치처럼 으스대기를 했나

목 한번 세워 보지 않고

플랑크톤이나 먹고 살았는데

새우는 아닐 거야

예예 하며 허리 굽힌 채

누구 한번 똑바로 보지 않던 놈

아직도 얌전히 구부리고 있는 걸 봐

여기서 이렇게 죽을 수 없어.

물빛 고운 바다 속

산호초 숲가에서 눈감고 싶어

꽃게란 놈

내게 앙심을 품은 게 분명해

몸부림치며 발버둥치는 내 앞길을

이렇게 막고 있는 것만 봐도

아…………… 저 눈빛.

가위와 집게를 든 염라대왕의 눈빛.

— 이길원의 〈지옥〉 전문 —

　　산 채로 끓여지는 낙지 전골에서 죽어가는 낙지의 입을 빌려 지옥을 그려보았다. 인간이 설정해 놓은 지옥이 따로 있는 것일까? 나는 인간 세상에도 지옥과 천국이 공존하고 있다고 생각한다.

예가 지나친 점은 있으나 가령 먹을 것 없어 굶주림에 지치고 인권조차 말살당하고 있는 북한이 지옥이라면 남한은 천국인 셈이다. 전골이 된 낙지의 입장에서 보면 불 위 끓는 물 속에서 죽어가는 이곳이 지옥이 아닌가. 바로 낙지를 말하는 이로 설정해 인간사의 불편한 단면을 이야기한 것이다. 이때 말하는 이를 필자가 아니라 낙지로 설정할 때 느낌이 강렬해진다. 가위와 집게를 들고 몸통을 자르려 달려드는 아주머니야말로 바로 염라대왕이 아닌가.

지옥이라는 개념을 우리가 흔히 상상하는 종교에서 제시하는 개념으로 설명한다면 얼마나 지루할까. 여기에 세상 살면서 죄짓지 말고 살라는 교훈이라도 덧붙이면 가관이 된다. 바로 교회가 되고 교실이 되고 만다. 시로서 감흥도 없다. 굳이 더 설명치 않아도 지옥이 바로 우리가 즐겨 먹는 낙지 전골 속에도 있다는 말이 된다. 사실 그곳이 지옥인 셈이다.

시인의 눈은 사물을 어느 각도로 보느냐가 중요하다. 같은 낙지 전골 일지라도 그 맛이나 미감에 취하면 그런 각도로 시가 될 수도 있다. 그러나 나는 끓고 있는 낙지 전골에서 지옥을 본 것이다

이렇게 말하는 이를 이야기하려는 주제에 맞도록 제삼자나 어떤 사물로 설정하는 것 또한 중요한 표현 방법의 하나이다. 이처럼 말하는 대상 자체의 이미지가 이미 형성되어 있기 때문에 시인은 이를 통해 시의 무게와 의미를 더욱 강렬하게 전달할 수 있다.

예를 하나 더 들겠다. 잘 다듬어진 소나무 분재를 보고 말하는 이

를 소나무로 설정한 〈분재〉라는 시다. 우리가 보기에는 아름답지만 소나무의 입장에서는 안타까운 일이다. 그러나 그 또한 인간 생활의 단면일 것이다.

애초엔 등이 곧은 선비였다
가슴엔 푸르름을 키우며
높은 하늘로 고개를 든 선비였다
예리한 삽이 뿌리를 자르고
화분에 가두기까지

푸르름을 키우면 키울수록
가위질은 멈추질 않았다
등이라도 곧추세우려면
더욱 조여 오는 철사 줄
십년을 또 십년을…
나는 꼽추가 되었다
가슴에 키우던 푸르름을
언듯 꿈에서나 보는
등 굽은 꼽추가 되었다
사람들은 멋있다 한다
  - 이길원 〈분재〉 전문 -

사람들은 한 생애를 살아오며 자신의 꿈과 그가 추구하는 이상이 사회적 또는 개인적 여건에 의하여 좌절되는 경우가 많다. 자기의 주장이나 신념조차 외부의 힘으로 왜곡되거나 흔들리기도 한다. 제대로 등 한 번 펴지 못하고 살아간다고 느끼는 사람도 있다. 때로는 그런 이면을 숨긴 채 적당히 세상과 타협하고 살면서 비굴함을 느끼는 경우도 허다하다. 그러면서도 때로는 스스로를 도덕적이고 괜찮은 사람이라고 위안하며 안심하기도 한다.

　나 역시 마찬가지이다. 때로는 자신의 과오에 지나치게 관대해지기도 하고, 어떤 불의에 너무 쉽게 눈 감는 것은 아닌가 생각할 때도 있다. 세상살이에 얽매이고 적당히 길들어졌기 때문일 거다. 그러면서 때때로 잘난 척하기도 한다. 이런 나의 번민을 시로 옮겨 놓고 싶었으나 구체적으로 어떻게 풀어내야 할지 고민하며 형상화하지 못하고 있었다.

　그러던 어느 날 분재를 유독 좋아하는 친구 집에 들렀다가 그 친구가 소나무 분재를 다듬는 것을 보면서 머리가 복잡해지기 시작했다. 모양을 내기 위해 잎을 다듬고 철사로 줄기를 구부리고 동여매는 것이 아닌가. 사실 소나무는 쭉쭉 자라고 싶었을 것이다. 자기 의사와 무관하게 그렇게 잎이 잘려 나가고 어깨가 동여매진 채 하늘이 아닌 땅 쪽으로 구부러지기는 싫었을 것이다. 그날 저녁 나는 나 스스로 소나무가 되는 고통을 느꼈다. 그런 이유로 쓴 시가 위의 〈분재〉이다. 여기서 중요한 점은 말하는 이를 소나무로 설정했다는 점이다. 그래야 시가 강렬해지기 때문이다. 만일 말하는 이를 나로 설정했다면 분재의 고통 대신 그 아름다움을 서술해야 했을 것이다. 만일 내가 이런 내용을 다음과 같이 표현했다고 가정해 보자.

나의 꿈은 늘 좌절되었다
등 한번 제대로 펴지 못하고 살아 온
나의 젊음
때로는 나의 은빛 머리에서
세월을 읽은 사람들이
좌절된 나의 의지와 이상에
················

물론 이야기하려는 의도는 분명히 표현되었을 것이나 이런 글은 시인이 아닌 누구라도 쓸 수 있다. 가끔은 마음이 조급한 시인들이 일기를 쓰듯 아무나 쓸 수 있는 이런 말을 서술해 놓고 무슨 큰 철학이라도 이야기한 듯 착각에 빠지는 경우가 있다.
이런 식으로 표현했다면 독자는 아마 끝까지 읽지도 않았을 것이다. 시를 공부하는 사람들은 시를 읽을 때도 이와 같은 점을 주의 깊게 살펴보며 배우고, 시를 쓸 때도 이를 염두에 두길 바란다.
예문으로 든 위의 시는 제목이 〈분재〉이지만 사실은 우리 자신들 삶과 의식에 관한 이야기이다. 내가 이 시를 예로 든 이유는 독자들도 시를 쓸 때, 어떤 상황이나 느낌을 즉각적으로 표현하려 하지 말고 깊게 생각해 보라는 뜻이다.

즉, 자연의 어떤 상태나, 객관적이고 보편적인 상황을 대비하거나 비유를 통해 자신의 의도를 표현할 수 있는가 고민해 보라는 말이다. 그럴 때 시는 제맛이 나며, 또 그때 비로소 감동을 줄 수 있다.

말하는 이를 설정할 때 주의할 점은, 그 말을 일관된 목소리로 끌고 가야 한다는 것이다. 흔히 처음 시를 써 보는 사람들이 이 〈말하는 이〉를 설정할 때, 어린이가 되었다가 어른도 되기도 하고, 필자 자신의 목소리를 내다가 제삼자의 목소리를 내는 등 갈팡질팡하는 경우를 종종 보게 된다. 이런 점에 주의하면서 이야기하고자 하는 의도를 보다 심도 있게 표현하는 훈련을 계속하길 바란다.

제9장: 상상(想像)과 이미지

상상의 중요성

　이미 다 아는 이야기 하나로. 미술 시험에서 있었던 이야기이다. 깊은 산 속에 숨어 있는 암자를 표현해 보라는 과제가 주어진 시험이었다. 많은 학생이 각양각색의 울창한 산을 그리고는 그 틈에 빼꼼이 보이는 추녀의 끝을 그리거나 가물가물 어느 끝에 조그만 암자를 그리기도 했다. 그러나 한 학생은 숲과 계곡을 그린 다음 계곡에서 물을 담는 동자승을 그린 것이다. 물론 화폭에 암자는 없다. 그러나 계곡에서 물을 담는 동자승이 있는 걸 보면 숲속 가려진 어디쯤엔 분명 암자가 있으리라고 느낄 수 있지 않은가. 미술도 이렇게 철학이 담긴 그림이 우리 가슴에 느낌을 주는데 하물며 시야 더 말할 필요도 없다.

　드러낼 말과 숨겨야 할 말이 잘 조화를 이룰 때 우리는 감동한다. 그게 좋은 시를 쓰는 데 핵심적인 요소이다.

　그런데 시에서 이와 같은 상상을 통한 이미지의 구현을 가르칠 수 없다. 이는 개개인의 능력이며 자질이다. 흔히 천재는 1%의 영감과 99%의 노력으로 이루어진다고 한다. 물론 예외가 있기는 하나 예술에서는 이 1%가 없는 사람은 아무리 노력해도 성취할 수가 없는 경우가 대부분이다. 다시 말해 〈0 X 99=0〉라는 말이다. 비유가 심했는지 모르지만 그간의 강의 경험으로 볼 때 될성부른 잎은 짧은 시간 안에 피어나지만 그렇지 않은 사람은 그 어떤 한계를 넘지 못하는 경우를 종종 본다.

　제자 중 한 사람은 아무리 이야기해도 표현과 설명을 구분하지 못하는 사람이 있었다. 그래서 나는 "자네는 시를 쓰지 말고 수필을 해 보게." 했더니, 펑펑 우는 것이 아닌가. 그는 야단맞으면서도 끈질기게 쓴 시를 내게 보여 주고, 감수받으며 강의를 듣더니 어느 날부터 달라지기 시작했다. 이제는 제법 읽을 만한 시를 쓰고 있다. 때로는 엉뚱한 상상일지라도 날 샌 상상력은 재미있는 시를 만들기도 한다. 아쉬운 대로 몇 가지 상상의 방법을 열거해 본다.

첫째, 눈에 보이는 사물이나 현상에서 눈에 보이지 않는 뒷부분을 상상해 본다.
둘째, 눈에 보이는 사물이나 현상을 다른 대상으로 치환해 상상해 본다.

　예를 들어 보자. 우리가 보이는 달은 달의 앞부분이고, 달의 뒷면은 보이지 않는다. 보이지 않는 달의 뒷부분에 대하여 상상의 날개를 펼쳐 본다. 눈에 보이지 않는 그곳에 어떤 미물이 살면서 인간처럼 사랑하고 증오하며 살고 있다고 상상해 본다. 그를 인간사에 비유하여 상상을 구체화 해보면 또 다른 이미지를 창출할 수 있지 않은가. 달의 희끄무레한 그림자에서 방아 찧는 토끼를 상상한 게 우리들의 조상이다. 상상은 아무래도 좋다. 중요한 것은 그 상상을 잘 형상화하는 것이다.

그러나 이런 종류의 시는 오랫동안 시 공부를 해 온 사람이 아니면 자칫 실패할 수가 있다. 독자들의 고개나 갸웃거리게 만들 수도, 난해하다고 여겨질 수도 있다.

이런 고도의 기법을 잘 다스린 몇 편의 시를 참고해보자. 박제천 시인은 이런 종류의 시를 즐겨 쓰는 시인 중 하나이다. 서울의 중심 산인 〈남산〉을 부르면 달려오는 연인으로 치환하여. 그와 같이 누워 사랑을 나누는 시이다. 상상이 만들어 낸 시 창작의 완숙한 경지에 이른 기교 넘치는 시이다.

전화를 걸자, 남산이 곧 바로 달려왔다
남산의 나무들, 바위들
부푼 가슴도 쓸어 주고 엉덩이도 툭툭 쳐 주자,
새들도 한 곡조 뽑고
버러지들도 동무하자고 귓밥을 잘근 잘근 깨문다
마음이 통했는가, 특별 서비스가 만점이다
계곡 물소리 낭랑하게
발가락 마디마디, 발가락 경락이,
만지는 대로
뼈마디가 다 녹아나고 열리는 극락 세상
탁족하고, 와선하듯
남산과 마주 누워 장진주사 읊조리며

술 한 잔 줄수록 받을수록
내 입술만 젖어드는 별유천지

이 모든 게 그림 속 세상이자 함정 속 세상이지만
시간 갈수록 세 겹 세상 드나드는 재미가
너무 쏠쏠해, 이 짓도 못하면 어찌 살까 걱정이다.
- 박제천의 〈세 겹 세상사는 친구랑〉 전문 -

남산과 사랑을 나누며 교감하는 상상이 어떤가. 남산과 마주 누워 사랑을 나누는 나는 누구인가. 나는 북한산인가. 혹시 남산이 어느 여인을 비유하고 있나. 전화하면 곧바로 달려오는 연인일 수도 있다. 여기서 남산과 연인의 경계는 무너져 있다. 이 모든 게 그림 속 세상이고 함정 속 세상이지만 시간 갈수록 세 겹 세상 드나드는 재미가 상상이 너무 쏠쏠하다고 한다. 무료한 시인은 이런 상상이라도 하지 않으면 어찌 살까 걱정이란다. 시인들은 상상을 먹고 사는 부류이다. 혹자는 시인을 현실 세계와 동떨어진, 경제관념 없는 4차원에 사는 사람들로 분류하기도 한다. 부정하지 못하겠다.

또 한 편 소개한다. 담낭 절제 수술을 받고 난 후 오탁번 시인은 조장(鳥葬)이란 시를 쓴다. 조장(鳥葬)이란 시체를 들에 내놓아 새가 쪼아 먹게 하는 원시적인 장사법(葬事法)을 말한다. 시인은 자신의 담낭을 제거하고 버려진 담낭을 원시 장례법의 하나인 조장한 것으로 상상한 것이다.

    담낭절제수술을 받았다
    쓸개 빠진 놈이 됐으니
    이제 줏대 없이 그냥저냥 살면 된다
    그동안 줏대 있는 척 하느라고
    무지무지 애먹었다
    정치가 어떻고
    문단이 어떻고
    있는 꼴값 다 떨면서
    가면과 복면 쓰고 죽을힘 썼는데
    어휴!
    속 시원하다
    내 인생의 표리부동을 청산했다

    내 몸에서 빠져나간
    그 작은 쓸개는
    지금 어디에 있을까
    병원 폐기물 비닐봉지에 담겨
    소각장으로 갔다가
    다 분해되고도 좀 남아

땅 속으로 스민 것은

두더지가 닁큼 물었을까

너무 써서 뱉어낸 쓸개 부스러기는

빗물에 섞여 흘러가다가

청계천 잉어밥이 되었을까

이보다 한발 앞서

비닐봉지를 뜯은 생쥐가

내 쓸개 물고 가다가

솔개한테 채였을까

저무는 저 하늘로

내 쓸개가 날아가네

- 오탁번의 조장(鳥葬) -

첫 연은 자신에 대한 회한이다. 사실 우리가 모두 그런 척하지 않았나. 쓸개 빠진 놈이 되어, 줏대 없이 그냥저냥 살면 된다고 하며 그동안 줏대 있는 척하느라 꼴값을 떨었단다. 이제 인생의 표리부동을 청산했다고 실토한다. 이 또한 재미있다. 둘째 연에서는 떼어낸 쓸개가 어찌v될 것인가 조장에 빗대어 상상하는 것이다. 〈비닐봉지를 뜯은 생쥐가 내 쓸개 물고 가다가 솔개한테 채였을까. 저무는 저 하늘로 내 쓸개가 날아가네.〉 이 시를 읽다가 오탁번에게 잘려나간 쓸개가 아쉬웠냐고 물어보기도 했다.

시를 읽다가 간혹 이해하기 어렵다고 하는 독자들을 볼 때가 있다. 그럴 때 시인이 무엇을 상상하고 쓴 것인가 하는 것을 유추해 보면 쉽게 이해할 수 있다. 그러나 이런 부류의 시를 습작기에 시도하기에는 이르다. 자칫 우를 범할 수 있기 때문이다. 십여 년 계속 시를 쓰다 보면 자연스럽게 이런 경지에 도달할 수 있다.

　　밀짚모자 영화관을 아시는지요

　　토막 낸 16밀리 영화 필름으로 양테를 두른 밀짚모자,
　　그 모자 덮어쓰면, 차르르 돌아가는 햇빛 영사기,
　　내 머릿속 내 일생은 아랑곳없이 밀쳐 내고
　　영화 한편 돌아갑니다

　　한 남자에 두 여자이거니 한 여자에 두 남자
　　그도 아니면 한과 고독, 하나같이
　　멋지고 슬픈, 비극이고 희극인 인생이랍니다
　　(나 역시 저와 같으리)

　　세상에 나지 말라 그 죽기가 괴로우니
　　세상을 버리지 말라 새로 나기가 괴로우니
　　더 줄이면, 죽기도 살기도 모두 괴로워라

원효 스님이 한 말씀이 생각납니다

나도 한 말씀, 죽고 삶을 나눔이 부질없는 일,
기분 나면 영화 필름 갈아 끼고
마음대로 인생을 골라 사는 이 재미,
그 밀짚모자, 40년 지난
오늘, 내 추억의 모니터에 나타났어요
오늘부터 저 밀짚모자, 잠잘 때마다 쓰고 자렵니다.
　　- 박제천의 〈밀짚모자 영화관〉 전문 -

　요즘은 없어졌지만 40여 년 전엔 밀짚으로 만든 모자가 있었다. 한국영화 초기에 상영되던 16밀리 영화 필름으로 테를 두른 밀짚모자이다. 시인은 테를 두른 이 16밀리 영화 필름을 두고 상상의 날개를 펼친 것이다. 치정에 얽힌 사랑 이야기나 비극적인, 혹은 희극적인 영화를 상상한 것이다. 그러면서도 시인이 말하고 싶은 말인 〈죽고 삶을 나눔이 부질없는 일〉이라는 것을 슬쩍 비친다. 암으로 아내를 잃은 그는 이미 삶과 죽음을 나누는 일조차 무의미하다고 이야기한다. 그의 깊은 명상의 경지를 느낄 수 있다. 그러나 이를 직설적으로 이야기하면 바로 불경(佛經)이 되고 만다. 밀짚모자에 양 테로 두른 16밀리 영화 필름이라는 사물을 통해 삶의 언저리를 두드리는 것이 일품이다.

제10장: 시를 마무리하기 전에

　엄격하게 말한다면 시인들은 죽을 때까지 습작을 계속하는 셈이다. 시 공부가 끝난 완성된 시인이란 없다. 시인이 스스로 완전한 작품을 썼다고 만족한 나머지 거기에 안주할 때 그의 시인으로서 생명이 끝난 셈이다. 시인들은 그래서 좋은 시를 쓰기 위하여 부단히 모색한다. 천성의 시인이란 없는 법이다. 좋은 시를 쓰기 위해 노력하는 시인만이 훌륭한 시를 남긴다.

　이번에는 시를 완성하는데 마지막 과정이라 할 수 있는 마무리 작업에 관하여 생각해 보자. 서정주 시인이 〈국화 옆에서〉를 완성했을 때의 이야기를 작자 스스로 자작시를 해설한 (시 창작법: 예지각 발행. 조지훈 박목월 서정주 강우식 공저 중 '시작의 과정') 부분을 살펴보자.

　　한 송이의 국화꽃을 피우기 위해
　　봄부터 소쩍새는
　　그렇게 울었나 보다

　　한 송이의 국화꽃을 피우기 위해
　　천둥은 먹구름 속에서
　　또 그렇게 울었나 보다

그립고 아쉬움에 가슴 조이던

머언 먼 젊음의 뒤안길에서

인제는 돌아와 거울 앞에선

내 누님같이 생긴 꽃이여

노오란 네 꽃잎이 피려고

간밤엔 무서리가 저리 내리고

내게는 잠도 오지 않았나 보다

- 서정주 〈국화 옆에서〉 전문 -

  위의 시를 생각하고 완성하기까지는 무려 삼사 년이 걸렸다는 것이다. 시인은 '과수가 되어 상(喪)을 마치고 와 소복을 입고 거울 앞에 우두커니 홀로 앉아 있는 40대 누이의 청초한 모습'이 너무나 아름다워 무엇이라 표현하고 싶었으나 마땅히 표현할 길이 없어서 고심하며 보냈다고 한다. 그렇게 한 삼사 년을 보내던 어느 늦가을. 이른 새벽 숙취를 달래려고 마당에 있는 우물가로 나왔다가 새벽 달빛을 받으며 피어 있는 한 송이 국화꽃을 보았단다.

  그러자 불현듯 오래전부터 표현하고 싶었던 누이의 아름다움이 형상화되었다고 한다. "바로 이거다. 청초했던 누이의 모습을 바로 이 국화에 비유하면 되겠다."하고 생각했다는 것이다.

이 시의 뿌리는 3연의 〈이제는 거울 앞에선 내 누이〉이다. 11월 늦가을 달빛 받고 피어 있는 노란 국화꽃은 청초하고 아름다운 누이의 이미지를 형상화하기에 적절했다고 한다. 1, 2연과 4연은 청초한 〈누이〉를 상상할 수 있도록 국화를 묘사한 것이라고 볼 수 있다.

　여기에서 누이의 모습을 〈청초하고 아름답다〉는 형용사로만 동원해서 표현했다면 아마도 이 시가 오늘날까지 명시로 우리에게 애송되지 않았을 것이다. 단 13행의 이 시에서 누이가 청초하다든가 아름답다는 말은 한마디도 없다. 그러나 우리는 청초함이나 아름다움을 이미 국화꽃이라는 이미지에서 추출할 수 있다. 이렇듯 정작 하고 싶은 이야기는 행간 안에 숨어 있는 셈이다. 좋은 시는 때때로 긴 시간이 필요하다.

마무리를 잘해야

　아무리 훌륭한 내용이라도 시로서의 꼴이 제대로 갖추어져 있지 않다면 실패한 작품이다. 그래서 훌륭한 시인은 시를 쓴 뒤, 탈고하기까지 마무리 작업에 상당 시간 뜸을 들인다. 마치 외출 준비를 하는 여인이 화장이라도 하듯 써 놓은 시를 갈고 닦는 작업을 한다. 부스스한 채로 대중 앞에 나설 수도 없지만 지나치게 멋을 내는 것도 부담스럽지 않겠는가.

　시도 마찬가지이다. 지나치게 리듬을 강조하거나 관념 그 자체를 드러낸다거나, 기교만 있고 의미가 담겨 있지 않다면 빈축을 사기에 십상이다. 위에서 예로 든 서정주 시인도 삼사 년이란 긴 시간을 누이의 아름다움을 형상화하기 위해 뜸을 들인 셈이다. 그 이유는 다음과 같은 점 때문이다.

첫째, 말하고자 하는 의도를 제대로 표현할 수 있는 언어는 무엇일까.
둘째, 시의 씨앗이 되는 청초한 누이의 이미지를 제대로 살릴 수 있는 대상이 무엇일까.

사실 시를 마무리하기 전에 이런 점에서 제대로 생각해 보지 않거나 이런 점에서 제대로 표현되어 있지 않았다면 그 시는 실패한 시라고 보아도 좋다.

아름다운 한마디 표현만으로도 만족해하는 시인들을 흔히 본다. 그러나 그런 한 두 마디의 아름답고 섬세한 표현만으로 시가 되는 것은 아니다. 위와 같은 점에 우선 비중을 두고 자신의 시를 점검해 볼 필요가 있다. 탈고 과정에서 이런 점을 유심히 볼 줄 아는 사람은 일단 실패하지 않는다.

후대에 길이 남을 좋은 시를 쓰고 싶다는 것은 모든 시인의 소망이다. 그러나 습작기에 있는 사람들은 실패작을 쓰지 않는 일이 우선 중요하다. 시를 써 놓은 후 마무리 과정에서 다음과 같은 점이 충족되었다면 그 시는 실패하지 않는 제대로 된 시라고 보아도 좋다.

우선 말이 제대로 되어 있고, 불필요한 말이 없으며, 이미지가 제

자리에서 제 기능을 충실히 하고, 말하고자 하는 의도가 명확히 드러난다면 그 시는 적어도 실패작은 아닐 것이다. 그러므로 시의 마지막 단계에서는 특히 다음과 같은 점을 주의해야 한다.

첫째, 말하고자 하는 의도는 제대로 표현되었는가를 살핀다.
둘째, 이미지는 제대로 살아 있는가를 살핀다.
셋째, 내재율은 제대로 살아 있는가를 살핀다.
넷째, 불필요한 말이나 중복된 말은 없는가를 본다.

대체로 위와 같이 4가지 점에서 만족할 수 있어야 한다. 시를 써놓고 마지막 단계에서 '말하고자 하는 의도는 제대로 표현되었는가? 그리고 드러내고자 하는 이미지를 제대로 드러냈는가?'를 꼭 살펴보기 바란다.

그동안 시에 대한 나의 견해가 다소라도 독자들에게 도움이 되어 좋은 시를 쓰는 훌륭한 시인으로 성장하는 많은 문인이 배출되길 바라며 펜을 놓는다. 이 책에 소개된 많은 시를 예문 삼아 공부하면 좋은 결과를 얻을 수 있으리라고 본다. 이 글들은 내가 시 공부를 하는 동안 읽었던 각종 시 창작 이론서가 바탕이 되었다. 그 중 특히 생각나는 것들은 다음과 같은 책들이다.

서정주/시창작에 관한 노트　　　문덕수/시쓰는 법

강희근/시쓰기의 실제요령　　　정민/한시 미학 산책

오튼 M 리치오/시창작 입문　　박제천/시 창작법

조지훈/시의 본질　　　　　　　박목월/시감상론

강우식/시이해론　　　　　　　이영걸/영미시와 한국시

문덕수/오늘의 시작법

안토니오 스카르메타/네루다의 우편배달부

시, 어렵지 않게 쓰자

1판 1쇄 발행 : 2018년 10월 17일
2판 1쇄 발행 : 2025년 4월 21일

지은이 : 이길원
펴낸이 : 이지영
디자인 : 위애드컴 010-9073-2457
펴낸곳 : 윙스펜
출판등록 : 2025-000011호
주소 : 경기도 파주시 직지길 302, 3층
전화 : 010-9241-3605
팩스 : 031-955-5010
이메일 : wingspen@naver.com

판매가 : 15,000원

- 파본은 구입하신 서점에서 교환해드립니다.
- 이 책은 저작권법에 따라 보호받은 저작물이므로, 무단 전재와 복제를 금합니다.

소중한 글의 출판을 원하시는 분을 기다리고 있습니다.
원고 투고는 wingspen@naver.com으로 보내주세요.